TRU$T
ITALIANSPUNKS LOVE TO BE ENGLISH!
...MONEY
JIMI
10 YEARS ON
MOHICANS
VARDIS
VARDIS U.K.
GONE BUT

吴妍妍 / 著

Overturn the Fashion

颠覆时尚

——20世纪街头流行时尚

百花文艺出版社
BAIHUA LITERATURE AND ART PUBLISHING HOUSE

图书在版编目（CIP）数据

颠覆时尚：20世纪街头流行时尚 / 吴妍妍著. —天津：百花文艺出版社，2011.3
ISBN 978-7-5306-5848-2

Ⅰ. ①颠… Ⅱ. ①吴… Ⅲ. ①服饰-文化史-世界-20世纪-通俗读物 Ⅳ. ①TS941-091

中国版本图书馆 CIP 数据核字（2011）第025983号

百花文艺出版社出版发行
地址:天津市和平区西康路35号
邮编:300051
e-mail:bhpubl@ public.tpt.tj.cn
http://www.bhpubl.com.cn
发行部电话:(022)23332651　邮购部电话:(022)23332478
全国新华书店经销
河北省三河市宏达印刷有限公司印刷
*
开本 880×1230 毫米　1/32　印张 5.75
2011年3月第1版　2011年3月第1次印刷
印数:1-4000册　　定价:26.00元

前 言

20 世纪年轻人的文化越来越受到人们的重视和关注同时也引起了社会的关注。年轻人的亚文化成为了社会文化的焦点和热点。从 20 世纪四五十年代开始泰迪男孩风尚（Teddy boys）、摩兹风尚（Mods）、光头党风尚（Skinheads）、嬉皮士风尚（Hippies）等各种各样的青年亚文化就主宰着欧洲的街头文化。同时，这些街头文化现象也开始反向地影响着主流的时尚界，很多时装设计师从中汲取设计灵感。年轻人的这种“反体制思潮”对传统文化的否定，增强了人们的自我意识，使现代流行更加复杂化。因此，20 世纪的街头流行服饰直接影响了主流服饰的发展。

服装是文化的表征，是社会的镜子，服装流行直接地鲜明地反映着时代精神与风貌。因此政治、经济、文化思潮的变动、战乱、和平的影响都会及时表现于流行服饰中。美国社会学家布伦伯格(Blumberg)针对服饰的流行的规律提出了“逆上升论”(Bottom-up theory)。他认为现代社会中许多流行是从年轻人、黑人、蓝领阶层以及印第安等“下位文化层”那里兴起的，甚至下位文化层掌握了流行的领导权。上层社会的人们受到这种“反阶级、反传统、反文化”的超越常识的新的流行的冲击，被这种新奇的前卫样式所标志的“年轻”、“新颖”的风格所折服，逐渐承认和接受这种流行。因此服装的流行就形成了自下而上的逆流现象。20 世纪中期以后，年轻人的街头服饰在很大程度上影响了现代服装业的流行趋势。

我国改革开放以来，各种从西方传入的亚文化现象已无处不在，但介绍亚文化的著作相对匮乏。本书归纳了 20 世纪最为流行和最具代表性的街头服饰风格，并追溯了其形成以及发展的过程。以此帮助读者进一步了解各种街头服饰风格的特点。

目录 Contents

1979 年伦敦 Music machine 的现场歌手的 Western style 造型

西部风尚
Western style

人类从布开始诞生的梦，就是服装。人们对于服装的追求不只体现在高级服装里，在街头服饰中也能找到人们对服装的梦想。这个对于服装梦的追求，可以通过个人的行为来实现，比如为了展现个人的成功可以穿上西装。同样也可以通过大家一起分享的行为来完成，比如与自然融合的嬉皮风格。我们所说的这种西部风尚就属于后者的范畴。实际上这种风格也暗示了人们对于美洲梦的追求。1930 年到 1940 年居住在北美中部城镇的人们开始在街头或者夜晚俱乐部中尝试了一种新的着装风格，这就是西部风格（Western style）。

为什么在这个时期产生了西部风格呢？原因有很多种。第一，

Western style 的典型造型

1930—1940 年整个北美地区开始急速地都市化，中西部地区经常发生龙卷风引起的灾害事件，同时还受到世界大战战时体制的影响，使得人们失去了传统田园式的生活方式，逐渐形成了新的都市住民。第二，象征着美国文化的地区开始从东海岸向西部转移。第三，对于当时正处在困难时期的人们来说，西部牛仔在逆境中的坚强意志和决心，鼓舞感染着美国人民。

在 20 世纪 30 年代中期到 40 年代中期，好莱坞制作了大量以歌颂牛仔为主题的影片。在电影中展现了一种特殊的服装装束，音乐界也纷纷效仿，歌手们都效仿牛仔的装扮。歌手帕特瑞克－卡(Patrick Carr)总是穿着西

1954 年 Jim reeves 的 Western style 造型

1979 年 Porter wagoner 的唱片封面 典型的 Western style 造型

部风格的外套、牛仔靴、宽檐的牛仔帽进行演唱。他的这种装束对大众造成了惊人的影响力。一谈到服饰流行,一定与舞台、电影有关。当时在舞台上电影中在表现牛仔装束时,都同样使用靴子、宽檐帽子、带刺绣的衬衣或外套和扣子。这种搭配方式基本是源自美国西南部。很快,这种风格就遍及全美,并逐渐成为了一种亚文化现象。接着从美国传入了英国直至影响到欧洲,直到现在在伦敦街头还能找到这种风格,比如:Cowboy,Cowgril,Classcow。

1986 年一些来看伦敦音乐节的歌迷身着 Western style 造型的服装

对于主流文化来说,这种西部风格的亚文化现象有着强烈的影响力和冲击力。1947 年 *Sears roebuck* 中登载了带有刺绣,铜质铆钉的红色双排扣劳动布外套的西部风格图片。第二年,用了整整一页的篇幅登载了西部风格装束的图片,那就是使用蓝色斜纹劳动布制作的女裙。无论对于哪个美国青年都合适而且都想要的西部风格服装——用蓝色劳动布制作的裤子。从此以后劳动布裤子就是今天我们说的牛仔裤成为

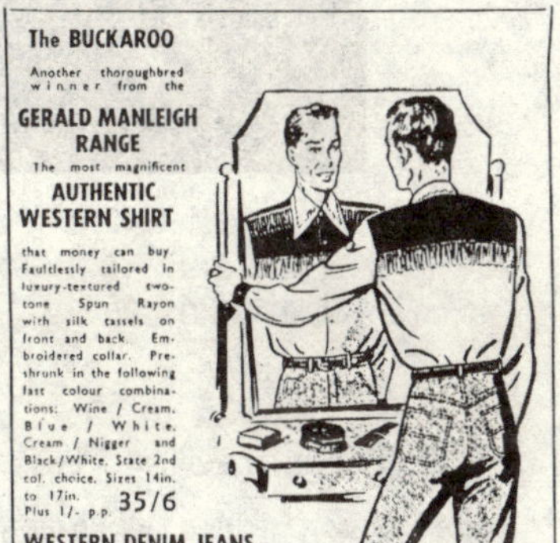

1952 年的一则 Western style 造型的广告

范思哲 1992 年秋冬时装发布会上一款 Western Style 风格的女装

1993 年让·保罗·戈尔蒂埃在自己的春夏时装发布会上根据 Western Style 造型设计的一款男装

了最普及的街头时尚风格。现在这种服装已经变得非常普通了，使我们忘记了当时是如何革新流行开来的了。非常有意思，经过 50、60、70 年代社会经济模式的变革，使得服装的等级下降（dressing down）在中产阶级间十分流行，与此同时乡土西部音乐家们反倒提倡服装的等级上升（dressing up）。

马龙·白兰度

车手风尚

Bikers

1947 年 7 月 4 日美国独立纪念日，在加利福尼亚州举行了一场摩托车比赛。参加比赛的车手们在大街上飞快地开着摩托车，并且时而将手从车把上松开。他们在酒吧喝得烂醉，并且调戏街上的女性。*Saturday Evening Post* 报的记者弗兰克·罗尼将这次事件登在了报纸上。之后，电影制片人斯坦利·克瑞玛关注到了这一事件，并在 1954 年将这个故事改编成了电影。电影名为《野小子》其主演是马龙·白兰度，这部电影的放映开创了一个新的历史，一时间白兰度在电影中的形象被广泛地模仿。那么，白兰度扮演的乔尼的原形到底是谁呢？实际上其原形就是刚从战场上回来的士兵们。战后，这些退役的士兵们很努力地逐渐适应和平年代

1985年Mick Farre写的*The Black Leather Jacket*书中的插图

和急剧变化的社会。当时电视媒体以及广告业也一直在宣传一种标准的美国家庭模式，即标准的西装、标准的发型、标准的住宅，以及要拥有车子、孩子，甚至狗才算得上是完美标准的美式家庭。这样的标准对于普通人来讲是很容易理解的，但对于这些经过了战争并从死亡边缘回来的士兵来讲，适应这种毫无刺激的安静平和的生活似乎不是件易事。麦克·法雷说：“对于那些从欧洲及太平洋战场死里逃生回来的男人们来讲，在超市里搬运货物是非常没意思的事。”所以，他们中的很多人就用摩托车代替了飞机，以此寻求刺激以代替以往生活方式相接近的感觉。在战后很快形成了反对新美国文化的摩托车车手集团，他们经常在一起酗酒和赛车。白兰度饰演的角色就是他们的典型代表。因此这部电影在当时获得了极大的成功。

20世纪50年代美国Bikers造型

电影的成功实际上也离不开白兰度在影片里的装束，这种装束是对劳动阶级典型形象的反映。虽然劳动阶层也开始向讲究穿着的方向发展，并且开始模仿上流社会的着装习惯，但是车手装

Bikers 风格的皮夹克

束却是特例。这种车手装束一反传统讲究的着装习惯，代替它的是反社会传统习俗，反流行性的劳动阶级装束。追求着装的美感不是他们的作风，为了表现在街头非常与众不同的视觉效果，反而喜欢穿着粗糙且破烂不堪的衣服。当然，战争也对这种风格的形成起着至关重要的作用。在“二战”期间，黑色皮衣曾是军人穿的服装，由于车手一族大多是退役军人所以仍然喜欢穿这种皮衣。但是，由于这些人非常不适应新的社会环境，所以爱穿破旧而且沾满污渍的皮衣，并以此来表现对传统“英雄主义精神”的不屑。由于他们已经不适应这个社会了，所以变得叛逆而且无视法律逐渐变成了社会上的流氓无赖，变成了远离社会中心文化的局外人。20 世纪 40 年代后期开始到 50 年代初期，这种车手风格的亚文化群逐渐脱离了被社会所接受的轨道。像牛仔风格这样的亚文化群虽然不能说他们想进入到社会的中心层面，但他们是非常希望能有与主流社会人们相同的生

1947 年 *Hollywood Rock nRoll* 的唱片封面其中有摩托车的照片

活方式。但对于车手一族来说全然没有这种欲望。

实际上这种亚文化产生了影响历史轨迹的效果。高级时装界甚至接受了这种穿黑色皮衣的街头风格。车手风格在当时任何一种文化形式都富戏剧化和强烈的街头氛围，同时渗透到了其他的领域，比如流行音乐界。

20 世纪 50 年代 查理·帕克 （Charlie Parker）、蒙克（Thelonious Monk）、格莱斯匹（Dizzy Gillaspie）在哈雷姆的 “Minton´s Play House” 俱乐部门口的合影

时髦风尚

Hip cats & Hipsters

音乐风格如果变了，时尚风格也会跟着变。20 世纪 30 年代后期开始到 40 年代初期，非常流行而且出现了很多有名的爵士乐队，这些爵士音乐家在表演时都穿着双排扣西装戴着礼帽，演奏着摇摆音乐（Swing），而人们伴着这种音乐尽情地跳着摇摆舞(Jive)。他们的装束足以反映出当时他们的舞台就是奢华的夜生活。

战后，从 40 年代末开始出现了一种新的音乐形式。这种音乐被称之为比博普(Bebop)是指一种具有复杂节律与和声的爵士音乐。这种新的音乐形式最早出现在了纽约的一些很小的爵士乐俱乐部。比如：哈雷姆的 “Minton´s Play House”（据说这里是比博普的发祥地)，在它之后在纽约的52区还出现了一些类似的俱乐部，“Three Deuces”、“Onyx”、“Downbeat Club”、“Kelly´stable”，很多的音乐家在这些俱乐部里用手风琴演奏着这种比博普音乐。对于像查理·帕克（Charlie Parker)、蒙克(Thelonious Monk)、格莱斯匹(Dizzy Gillaspie)等这些音乐家来说，这意味着爵士乐的解放。查理·帕克(Charlie Parker)绰号“Bird（大鸟)”，1920年8月29日生于美国堪萨斯州的堪萨斯，是爵士史上最伟大的中音萨克斯乐手，更是爵士史上最才气纵横的萨克斯乐手。帕克也是一位极具个性的音乐家，是现代爵

20世纪40年代至50年代间专门出售Hip cats风格服装店，名为“Fox Brothers”。这是这个店的一则格莱斯匹(Dizzy Gillaspie)式样夹克的广告

Hip cats & Hipsters 造型

Hip cats & Hipsters 造型

Hip cats & Hipsters 造型西装细节

舞池中的 Hip cats & Hipsters 造型

士乐发展史上最重要的开拓者。他的一生充满传奇，也充满了生活的挫折。20 世纪 40 年代初，他有机会结识了日后在“Minton′s Play House”共同创出比博普乐风的伙伴——蒙克、格莱斯匹等人。1945 年帕克和格莱斯匹组了五重奏，到加州好莱坞做六周的演出，将比博普的新浪潮推向第一个高峰。帕克以一曲 *Cherokee* 震撼整个 52 区的乐手，其超人的演奏速度，敏感细腻的音色处理撼动了所有的爵士乐手及乐迷。如果说摇摆音乐是一种颇具外向型特质的舞曲的话，比博普则是带有更深神经层次的音乐。他们已不再是街头艺人了，而是抱着对音乐非常认真态度的音乐家了。为了展现这一转变，他们必须改变形象寻找一种新的着装风格。

几年后，逐渐形成了带有鲜明特点的服饰风格。从蒙克（Thelonious Monk）和其他乐队成员在“Minton′s Play House”门前的非常有名的相片中能够感受到这种新的服饰风格。相片中的四人都穿着与现在标准相比略大的双排扣西装，除了服装他们的配饰也是非常特别的。特别是蒙克，除了领带之外还在脖子上系了一条围巾，并且带了黑色的太阳眼镜和黑色的贝雷帽。蒙克说：“这就是我们的风格”，“我们就是 Hip cats”。与比博普爵士音乐一样，这种爵士风格的服装逐渐地发展并且形成了特有的具有一定规律的着装风格。在这个爵士乐团中帕克的打扮不是太被大家所关注，而蒙克和格莱斯匹不管在音乐方面还是在着装方面总是不断革新。与他们在音乐方面的成就一样，他们的装扮总是

Hip cats & Hipsters 造型的西装

20 世纪 50 年代女式
Hip cats & Hipsters 造型

20 世纪 50 年代 Hip cats & Hipsters

不拘泥于一种样式，所以在当时被广泛地效仿。特别是他们的山羊胡、太阳镜，以及各式帽子的独有造型，直到现在还有一些执著的效仿者一直保持着这种风格。这些效仿者现在被称为“Hipsters”。如果想找到这个词的来源和意思，就像分析这种风格是如何流行开来的一样难。从历史的角度看，这个词是 20 世纪 50 年代与比博普一起出现的，早在 1938 年一本名为 *Hipster's Dictionary* 的书中第一次使用了这个词。早期的 Hipsters 全都是黑人，而到了 20 世纪 40 年代末开始出现了“白色黑人”的概念。这是因为真正的黑人 Hipsters 由于肤色的原因不被白人社会所接纳而受到排挤，但是白人打扮成 Hipsters 风格反而更容易被接受。正如麦克·法瑞（Mick Farren）在名为 *The Black Leather Jacket* 的书中讲到的一样，这种亚文化在 20 世纪 40 年代末至 50 年代开始大范围的扩散，甚至其影响渗透到了车手风格和以后的披头士风格。Hipsters 的风格特点很容易界定，那就是像爵士音乐的开创者蒙克和格莱斯匹一样，戴着贝雷帽、太阳镜、留着山羊胡的造型。他们对于音乐和着装风格方面的影响一直延续至今。

名为 *Through Beatnik Eyeballs* 小说的封面

“垮掉派青年”“疲塌派”风格存在主义风尚

Beats / Beatniks / Existentialists

垮掉的一代，或称疲惫的一代（Beat Generation）是第二次世界大战之后出现于美国的一群松散结合在一起的年轻诗人和作家的集合体。这一名称最早是由作家杰克·凯鲁亚克(Jack Kerouac)于 1948 年前后提出的。在英语中，形容词“Beat”一词有“疲惫”或“潦倒”之意，而凯鲁亚克赋予其新的含义“欢腾”或“幸福”，和音乐中“节拍”的概念联结在一起。此后，“垮掉的一代”的称谓才借助各种媒体流传开去。“垮掉的一代”实际上是“迷惘的一代”的对照。海明威在小说《太阳照常升起》中塑造了“迷惘的一代”（Lost Generation），这个称谓来自美国著名作家斯泰因为《太阳照常升起》题的一句词——“你们是迷惘的一代”。“迷惘的一代”指的是第一次世界大战后成长起来的年轻人（包括海明威在内），他们之所以对生活失去信念是由于战争的创伤，但他们并未因此而失去对人性的渴望。“垮掉的一代”则不同，他们中的许多人已经丧失了对人性的最基本的理解，用“垮掉的一代”作为称谓也表达了公众对他们的失望和不满。

之所以将这样一小群潦倒的作家、学生、骗徒以及吸毒者当作“一代”，是因为这个人群对“二战”之后的美国后现代主义文化的形成具有举足轻重的作用。在西方文学领域，“垮掉的一代”被视为后现代主义文学的一个重要分支，也是美国文学历史上的重要流派之一。

“垮掉的一代”的成员们大多是玩世不恭的浪荡公子，他们笃信自由主义理念。他们的文学创作理念往往是自发的，有时甚至非常混乱。“垮掉的一代”的作家们创作的作品通常广受争议，原因是这些作品通常不遵守传统创作的常规，结构和形式上也往往杂乱无章，语言粗糙甚至粗鄙。“垮掉的一代”对后世的西方文化产生了深远的影响，被文化研究学者们看作是第一支真正意义上的后现代“亚文化”。

凯洛林（Carolyn Cassady）为尼尔·卡萨迪（Neal Cassady）和杰克·凯鲁亚克拍摄的合影。尼尔·卡萨迪穿着一件有很多皱的淡蓝色工作衬衫，下身穿了一条看上去挺新的李维斯 501 牛仔裤。杰克·凯鲁亚克则上身穿了件绒衣下身穿了条斜纹布的工装裤子。

“垮掉的一代”的重要文学作品包括杰克·凯鲁亚克(Jack kerouac)（1922—1969）的《在路

“垮掉派”文人的形象：一群留着山羊胡子、头戴贝雷帽、玩手指鼓的且被一群穿着黑色连衣裙的舞女包围着的男人。

上》、艾伦·金斯堡（1926—1997）的《嚎叫》和威廉·博罗斯（1914—1997）的《裸体午餐》等。后两部作品由于内容“猥亵”而引起法庭的注意，但也为此类文学作品在美国出版的合法化进程作出了贡献。

严格意义上的“垮掉派”作家杰克·凯鲁亚克、艾伦·金斯堡和威廉·博罗斯于20世纪40年代在纽约相遇，格雷戈里·柯尔索（1930—2001）在20世纪50年代加入了这个阵营。50年代中期，旧金山文艺复兴运动的代表人物肯尼斯·雷克斯罗斯、盖瑞·施奈德、劳伦斯·费尔林希提、迈克尔·麦克鲁尔、菲利普·沃伦和卢·韦尔奇等也加入“垮掉派”阵营。

1947年，尼尔·卡萨蒂（Neal Cassady）的加入也给这个集体带来了不少麻烦。很多“垮掉派”成员都对他十分迷恋。金斯堡曾经和他有过恋情，凯鲁亚克曾在20世纪40年代末期和他一起进行公路旅行，这些都成为他的名作《在路上》（*On the road*）的重要素材。卡萨蒂本人并不是作家，然而很多“垮掉派”作家却在和他通信的过程中吸取了他的自由散漫的语言风格，凯鲁亚克曾声称这对他创作《在路上》所采用的“无意识写作”的技巧起到了关键作用。在《在路上》里，卡萨蒂变成了“迪安·莫里艾蒂”（Dean Moriarty），并被凯鲁亚克写成了一个具有文化表征性质的典型人物：一个性格狂野的瘾君子，经常身无分文，藐视传统道德，但疯狂地热爱生活。

由于凯鲁亚克的《在路上》延迟了很多年才得以出版，这经常会引起人们的困惑。《在路上》是凯鲁亚克在1952年完成的，大致和约翰·克、列农·霍尔姆斯出版《走》和《这就是垮掉的一代》同一时期。然而这部作品叙述的背景却早于这一时期，主要是发生在20世纪40年代后期的事。由于这部小说直到1957年才得以出版，因此许多人都误以为小说讲述的是20世纪50年代末期的事。

在"垮掉的一代"诞生早期，女性参与者的作用微乎其微。有些人认为造成这一现象的原因是性别歧视。琼·沃尔莫是早期"垮掉派"重要的女性参与者，在同代人眼中她是一个学识非常渊博且风趣幽默的女人。"垮掉派"中还是出现了一些出色的女性作家，例如乔伊斯·约翰逊、卡罗琳·卡萨蒂、海蒂·琼斯、乔安娜·凯格尔以及戴安·迪·普利玛等。此外，也有很多20世纪70年代的非"垮掉派"女性作家深受这一流派的影响，例如简宁·波米·维加和帕蒂·史密斯等等。

在英语中"垮掉派青年"（Beatnik）一词用于描述"垮掉的一代"的参与者，这一称呼是赫博·卡恩在1958年4月2日于《旧金山编年史》中首次发明并使用的，最开始是个贬义词，是从当时前苏联发射的人造卫星"sputnik"演化而来，用于讽刺"垮掉派"文人，表明他们非常不合时宜。后来，这个词汇成为这样一类人的代名词：一群留着山羊胡子、头戴贝雷帽、玩手指鼓的且被一群穿着黑色连衣裙的舞女包围着的男人。

在这一时期，"垮掉派青年"的形象在电视上也有所体现。在1959年至1963年期间播出的电视节目《多比·吉利斯》中，由鲍勃·丹佛扮演的人物梅纳德·克莱布斯就是典型的"垮掉派青年"形象。20世纪50年代中期一些著名电影演员的银幕形象也具有"垮掉派青年"的特征，比如马龙·白兰度和詹姆斯·迪恩等。这些人形象特点是青春四溢、行为举止不合常规，具有反抗气质。1959年，好莱坞电影《垮掉的一代》可以看作是对种亚文化现象的感性诠释。

"垮掉派青年"的形象在当今的一些电视节目中也有体现。比如在大热卡通《辛普森一家》中，奈德·弗兰德斯父母就是典型的垮掉派青年形象。在卡通片《道格》中主要人物道格的姐姐朱

1960 年根据杰克·凯鲁亚克同名小说改编的电影 *Subterraneans* 中的场景

迪的言谈举止就具有垮掉派青年的特征。

尽管"垮掉的一派"基本上是一个纯粹的文学流派，但这一流派对整个西方文化的影响却是强大而深远，其影响力不仅仅体现在几个作家或作品上。从很多角度上看，"垮掉的一代"都可被视为美国文化史上的第一支"亚文化"。"垮掉派"文人是"二战"之后质疑和否定传统文化价值观的最重要的力量，他们对主流文化的态度和观点影响了后世的人们对文化的理解。"垮掉派”文人对体验各种极端的生活方式有浓厚的兴趣（例如放纵的性爱和吸毒等）。他们也是美国知识阶层中权威和主流文化最激烈的挑战者。许多“垮掉派”文人对东方文明充满兴趣，他们在西方传播了关于禅宗和佛教的种种知识。

在20世纪60年代，“垮掉的一代”作为一个文化分支开始逐渐发生变化。活跃于40—50年代的“垮掉派青年”们开始被更加活跃的60年代的反主流文化群体所替代，这一族群的名称也被改为“嬉皮士”。当然这种转变是逐渐完成的。在60年代，很多“垮掉派”文人仍然非常活跃，比如艾伦·金斯堡，他在反越战运动中发挥了重要作用。然而和他旗鼓相当的另一“垮掉派”作家杰克·凯鲁亚克却逐渐淡出这一运动。他在60年代和金斯堡决裂，并将60年代的抵抗贬斥为“恶毒的新托词”。“垮掉的一代”对60年代的抵抗思潮产生了非常巨大的影响。例如，摇滚明星鲍勃·迪伦和艾伦·金斯堡关系就非常密切。依照艾德·桑德斯的说法，从“垮掉派青年”到“嬉皮士”的最终转变的标志是1967年旧金山金门公园的抵抗运动。在这场运动中，艾伦·金斯堡、盖瑞·施奈德和迈克尔·麦克鲁尔高唱圣歌，带领游行的人群。桑德斯在他的短篇小说集《垮掉派青年的荣耀》中曾如此追忆：我们怀念“垮掉派青年”。尽管我们从来不用这个词来描绘自己，但我们是如此热爱它。从今以后，再也没有“垮掉派青年混编队”在南方三K党的地盘上进行抗议民权运动游行了。现在我们都变成了“嬉皮士”。

事实上，“垮掉派青年”和“嬉皮士”在风格上还是存在一些区别的。“垮掉派青年”多半喜欢昏暗的色调和深色的服饰，留山羊胡须；而“嬉皮士”则喜欢具有迷幻风格的艳丽色彩，蓄长发。“垮掉派青年”以“冷漠、抑制情感”而著称，而“嬉皮士”则追求“玩绚”，竭力表现个人特色。两者的区别不仅仅表现在外表上。

例如，“垮掉派青年”通常对政治漠不关心，而“嬉皮士”则热衷于参加民权运动和反战运动。

杰克·凯鲁亚克在《在路上》一书中，将街头服饰风格作了归纳。书中介绍了像Hipsters，Bikers，Bebopper等风格的街头服饰文化。在这样令人炫目的街头服饰的潮流中，有两个人似乎对服装非常的不在乎，这两个人就是“垮掉青年”的代表人物迪安·莫里艾蒂，他从不拘泥于传统的着装方式，同时为了表现他反传统的主张，经常追求一些反传统的服装搭配方式。

我们看到的这张图片就是凯洛林（Carolyn Cassady）为尼尔·卡萨迪（Neal Cassady）和杰克·凯鲁亚克（Jack Kerouac）拍摄的合影。后来这张相片也成了《在路上》的封面。尼尔·卡萨迪穿着一件有很多皱的淡蓝色工作衬衫，下身穿了一条看上去挺新的李维斯501牛仔裤。杰克·凯鲁亚克则上身穿了件绒衣下身穿了条斜纹布的工装裤子。他们两人的打扮非常的“普通”，但就是这种装扮为整个街头服饰的发展带来了很大的冲击。直至现在还有很多人仍然在穿工装衬衫和各式的绒衣，而且这些服装早已成为人们生活中很普遍的服饰类型，但却很少有人知道这些服装是由“垮掉青年”的成员开始穿着的。

“垮掉青年”风格的这种反传统的着装概念与其他的街头服饰风格是有所不同的。他们所谓的反传统是无视服装，不拘泥于烦琐的打扮。人们这种对于外观和服装兴趣的衰退实际上是受到外界观念的影响而产生的。比如，在《在路上》一书中就有这样场面的描写“主人公迪安·莫里艾蒂突然说，服装意味着什么？大家听到他这么说以后，马上开始脱衣服”。实际上迪安·莫里艾蒂是一位被称之为“神”的男人。书中在描写迪安·莫里艾蒂与爵士音乐家Slim Gaillard会面的场景中，对于Slim Gaillard的衣着完全没有描写，这说明他的穿着非常的普通，没有不羁以及反传统

美国时装设计在1993年春夏女装发布会上，借鉴了“垮掉派”风格的女装作品

“垮掉派”风格造型

的装束，与极富装饰感的嬉皮风格形成了鲜明的对比。由此可以看出，“垮掉青年”风尚与“嬉皮”风格实际上有着很大的不同。嬉皮风格非常拘泥于表现自我并注重如何装扮自己，相反“垮掉青年”风格只注重自我陶醉，他们认为与其寻找一种风格表现自我倒不如对外表装束采取无视的态度。

我们从相片中看到尼尔·卡萨迪和杰克·凯鲁亚克完全没有

穿黑色的服装，也没有留胡子戴太阳镜和贝雷帽。那么我们现在所说的“垮掉青年”风格是从什么地方开始流行的呢？实际上这种“垮掉青年”风格的发源地既不是格林威治村也不是圣弗朗西斯科，而是巴黎的左岸地区。一些存在主义者非常赞同格蕾科（Juliette Greco）的“只要是黑色的就可以”的观点。格蕾科（Juliette Greco）经常穿着黑色的保罗衫和黑色裤子。虽然巴黎和纽约离得非常远，从 20 世纪 40 年代后期开始，一些非常崇拜“垮掉青年”风格的爵士音乐家们经常定期到巴黎来演出。因此有人认为我们所说的“垮掉青年”（Beats）风格是同时受到美国黑人爵士风格与法国本土的着装文化相结合的产物。比如当时很流行的贝雷帽和条纹衬衫都是来自于法国的传统着装文化。

Beats 或 Beatniks 这两个反叛的代名词与“垮掉青年”所展现出来的形象还是相差甚远的。Beats 是原意指一种强节奏感的摇滚音乐，Beatniks 原意是指通过怪癖行为和奇特装束来表示蔑视西方传统道德观念，并以此表现自我的人。而我们所看到的“垮掉青年”的装束并非另类反而很普通。本来“垮掉青年”的成员非常厌恶这个名字，实际上这个词最初是一些记者用来挖苦讽刺这些人的词，使得“垮掉青年”风格这个词与原形本身所展现出来的形象存在着很大的不同。但正是由于这样反而人们更关注到了这一风格。其实街头服饰中很多流行风格都是通过这样的方式流行开来的。

1962年打扮成Teddy boys造型的年轻人以及Teddy boys造型中的皱底鞋

泰迪男孩风尚

Teddy boys

起源于19世纪50年代受战后婴儿潮（Baby born）的影响，西方世界青少年到青年期的风尚（Teenage）开始成为重心，也因而促使年轻文化（Youth Culture）时代的到来。同样的，年轻人的服饰发展在战后也较从前更受到重视。在英国出现了以十多岁为对象，俗称泰迪男孩“Teddy boys”的亚文化团体。从这个群体的服装款示模式中，不论是发型、外套上衣、领结、紧身长裤、胶鞋，都让我们看到青少年在穿着行为上表现出自我选择的主张。20世纪60年代，这个阶段在西方被喻为是反文化（Counter Culture）的年代。其特质是将年轻文化（Youth Culture）、大众文化（Pop Culture）、性自由（Sexual－

Freedom)、女权运动（The movement of womwn´s right）四者相互融合。这些自我一格的年轻亚文化团体，也分别将他们的人生价值理念着实地表现在他们的服饰之中，也就是透过服饰的穿着来象征他们所处的团体。

1953 年 9 月 23 日的《每日快报》给这个群体定义了名称， Teddy boys 和 Teddy girls，统称为 The Teds。当时他们都是十六七岁的年纪，刚离开学校等待服兵役的通知（18—20 岁期间），由于从离开学校距服役期间有一段空闲，时间之短让他们无心再去学门手艺，反而觉得在军营学习些经营生意的知识比较好。就这样，一群受过教育，也有闲钱的孩子们开始了追求他们归属感和认同感的生活。渐渐的这个群体也逐渐失控，成了让英国社会头痛的问题分子，打架、抢劫、抗争警察。他们标志性的形象也让他们格外容易识别。

1952 年，伦敦东部总有一帮身上带着短棍或链条，打架滋事的不良少年帮派被人们成为“Teddy boys”。经历了“二战”的萧条期，这些周薪 5 到 12 英镑的青年工人们终于可以买得起一身像样的衣服。青春的叛逆让他们抛弃了父辈们简朴实用的衣着，穿起了绝对绅士的服装。

1954 年 *Picture Post* 穿着爱德华式西装的 Teddy boys 造型的图片

1993 年(T.E.D.S)Edwardians·Drape·Society 成员照片，他们都穿着 Teddy boys 风格的服装

爱德华七世时代的毛料镶天鹅绒领燕尾服、反折的铅笔裤、笔挺的衬衫上系着细细的领带(Slim Jim)、脚穿锃亮的古典系带皮鞋(Gibson),还留着纹丝不乱的"飞机头"。这身行头实在和工人的身份相距甚远,优雅得使他们的父母大跌眼镜。当然这套行头价格也不菲,在当时这身装束要大约一百英镑。

他们酗酒、打架、抢劫甚至袭警,制造了不少事端,令公众很头疼,媒体认为有必要给这样一群年轻人一个新的名称界定。由于他们都穿爱德华外套,人们就使用爱德华的爱称"Teddy"来形容他们,称他们为"Teddy boys"、"The Teds"。1953年9月23日的《每日快报》上第一次正式使用"Teddy boys"来称呼他们,也同时宣布了"Teddy boys"亚文化潮流的诞生。

1985年穿着Teddy boys造型的一家三口

当然所谓"泰迪男孩"(Teddy boys)绝不仅是一身行头,它更是一种年轻人的生活方式。他们或是联合自己的帮派滋事或是在街道上骑着马力大的英式摩托车飞奔。

在美国对于战后新的消费社会还存在赞同与不赞同的两类观点的同时,英国关心的完全是其他的事情。摆脱了长期战乱之苦以后,为了大家的幸福生活,民众团结一致的精神非常高涨。一旦和平时代到来时,英国的劳动阶级非常希望生活在没有阶级意识的

20 世纪 70 年代男式爱德华式外套的细节

20 世纪 60 年代 Teddy boys 造型中的重要配饰——皱底鞋

20 世纪 50 年代新爱德华式套装

平等社会中。在这种趋势影响下，劳动党政权就诞生了。但是还有更能细微表现社会变化的标志，那就是服装风格的变化。

战后裁缝塞维勒·罗（Savile Row）开设了一家专门为上流社会制作传统保守绅士服的裁缝店，创造出了一种新的很华丽的着装形式。这种新的着装风格借鉴了爱德华七世时代（1901—1910）服装的特点，上装外套采用单排扣的形式，并且衣身较长较合体，在领口袖口经常用天鹅绒进行装饰。为了与之配套，搭配了瘦腿裤和设计精良的锦缎马甲。当时的英国正在极力地恢复国家民族的自豪感，而这种代表着上流社会的“爱德华式”风格正是一种传统时代的象征，逐渐地牵制了当时处于主导位置的美国文化。

时装设计师 Katharine Hamnett 在 1990 年秋冬时装发布会上设计的一款 Teddy boys 风格的复古长款上衣。

20 世纪 70 年代女式爱德华式套装

1965 年的爱德华式西装

1964 年的爱德华式西装

虽然如此，从英国劳动阶级的角度来看还有一些不同的观点。他们希望实现没有阶级的平等社会，但是天鹅绒的领子以及奢侈的装饰品所展示的还是上流社会的“绅士”形象，实际上特权阶级和下层阶级根本不是没有界限的。另一方面，战时出生的孩子逐渐长大，逐渐接触到了成人的世界，不久便出现了一个新的社会阶层，即“青少年阶层”。这个新兴的年轻人风尚逐渐发展，其影响的程度越来越深远。广告界以及销售行业非常关注这个新兴的消费阶层，同时也促进这个新的身份定位的形成。这种新的年轻人风尚非常迅速地扩展到了各个领域，甚至波及整个西洋文化的所有方面。这样劳动阶级的憧憬与新年轻人阶层的主张相融合就形成了一种新的亚文化现象。实际上这种结果是可以预测的。在伦敦的一些下层阶级经常聚会的地方，非常流行将上流社会的爱德华式样与美国的牛仔样式相搭配的穿着方式，并且这种搭配方式也在年轻人阶层中广泛流行。这种新奇古怪的混合搭配方式，从某种意义上讲也是他们审美意识的反映。这种审美意识是受到了其父辈们传统威严高贵气质的感染。这些年轻人总想寻找他们的权利，最初的媒介就是“新爱德华式样”和“Teddy boys 式样”，但是很快遭到了指责，说他们非常没有男子气。心理学家从各方面进行了分析，认为由于战争的原因，这一带年轻人的成长过程中父亲的不在对他们的心理产生了很大的影响。因此这些年轻人叛逆且喜欢与传统道德抗争。虽然他们打扮得像孔雀一样，但他们粗暴的态度与行为，也足像一只 100%的雄孔雀。

在摇摆舞和摇摆音乐(Rock´n´Rolls)传入了英国以后，这种“Teddy boys 式样”也发生了一些变化。当时 BGM 公司打造了一个摇摆乐队，乐队成员希思·特德（Ted Heath）和肯·麦金（Ken Mackintosh）以新爱德华风格为主题创作了一首歌曲。与此同时，比尔·哈利（Bill Haley）的名为 *Rock Around The*

Clock 的歌曲也非常流行，并在 1956 年越过大西洋传到了英国，这样使得“Teddy boys”文化与美国的摇滚乐很好地结合在一起。在摇摆音乐传入前的新爱德华风尚，由于受到了从异国传来的极富攻击力新音乐的影响，则更具创新性。社会学家把这些年轻人的过激行为定义成为“道德危机”。这些年轻人一方面在行为上非常的过激粗暴，另一方面他们也经常像地痞无赖一样为所欲为。比如：他们会把电影院的椅子砸个粉碎，在裤子口袋里总会放着沾满油污的梳子和弹簧刀。他们还经常参加一些种族组织的暴动，因此 Teddy boys 成了违背传统道德规范少年的同义词。

1955 年，埃尔维斯·普莱斯利(Elvis Presley)创造出了融入黑人音乐热情的山村摇滚（Rockabillies），以及晃荡左腿、摇摆胯骨的摇摆舞，这种新的摇滚音乐渐渐红遍了全世界。他的一切都成了年轻人模仿的榜样，当然泰迪男孩们也不例外。模仿他的服装、唱法、发型、舞蹈，于是大鬓角“鸭尾式”发型取代了“飞机头”，皮底的吉普森（Gibson）鞋也被方便跳摇摆舞的厚底橡胶鞋（Creepers）所取代，而美国人发明的细绳领带也取代了细领带成了“Teddy boys”的最爱。

1964 年 2 月 7 日，“披头士乐队”（The Beatles）取代了“猫王”在美国的地位，史上最伟大的英国乐队赢得了全球的乐迷，不仅带来了名为 *Teddy boy* 的歌曲，更带了“Teddy boys”的改良版爱德华外套，以及他们专属的丝绸黑西装、白衬衫、黑领带。直到 20 世纪 70 年代末，“Teddy boys ”的热度才渐渐冷却。

乔·哥德堡（Joe Goldberg）1982 年录制的 *Birth Of The Cool* 的唱片封面。其中乐队成员都身着 Modernists 造型服装

现代主义风尚

Modernists

所谓“Modernists”就是 20 世纪初以后西方各个反传统的文学流派、思潮的统称。现代主义文学深受康德、尼采、威廉·詹姆斯、弗洛伊德、柏格森、荣格等人的哲学、心理学理论的影响。现代主义在思想内容方面的最大特征，是在人与社会、人与人、人与自然（包括大自然、人性和物质世界）和人与自我四种关系上表现出来的尖锐矛盾和畸形脱节，以及由之产生的精神创伤和变态心理，悲观绝望的情绪和虚无主义的思想。现代主义强调表现内心的生活、心理的真实或现实；认为艺术是表现，是创造，不是再现，更不是模仿；主张内容即是形式，形式即是内容，离开了形式无所谓内容。现代主义主要包括未来主义、达达主义、超现实主义、表

现主义、意识流小说、荒诞派戏剧、黑色幽默、存在主义、法国新小说派等。

乔·哥德堡（Joe Goldberg）在名为 *A Catalogue Of Cool* 的随笔中，将 20 世纪的爵士乐风格分成两个不同类型，即“Hot”和“Cool”，这指的并不是天气，而是指音乐文化潮流的变迁。20 世纪 40 年代中后期，一些先锋派的爵士乐音乐家们用新的形式冲击了当时占主导地位的白人社会的传统音乐，尤其是比博普式的音乐最具代表性。“冷爵士（也称酷派爵士 Cool Jazz）”，这一称谓其实包罗多种风格，它可以指称那些受迈尔斯·戴维斯（Miles Davis）、贝西伯爵（Count Basie）和莱斯特·杨（Lester Young）影响的乐手，也包括白人、黑人等不同肤色乐手创作的音乐，乃至来自东海岸、西海岸不同地域的乐手，只要是那些演奏有节制、情绪收敛的乐手创作的作品都能归入这一大类。一些爵士乐史家认为冷爵士与比博普爵士乐是泾渭分明的，然而，许多冷爵士风格的代表人物却都是比博普时期的好手，而且不少冷爵士时期的乐手都喜欢借用比博普爵士的旋律与和声。1947 年美国中音萨克斯风演奏家查理·帕克录制了新歌 *Cool Blues*、美国爵士小号演奏家迪兹·吉莱斯皮则录制了名为 *Cool Breeze* 的新歌，便在当时掀起了非常狂热的爵士乐风潮，我们套用了气象学上的名次来形容就是“Hot”。在纽约西部的 55 区有一个小公寓，里面住着一群“冷爵士”的代表，其中有出生在加拿大的白人作

20 世纪 50 年代的 Modernists 造型

曲家吉尔·埃文斯（Gil Evans）和很多的音乐家。还有约翰·路易斯（John Lewis）和白人萨克斯演奏家格里·穆里根（Gerry Mulligan）以及小号演奏家迈尔斯·戴维斯（Miles Davis）。这些音乐家们所创造的音乐形式与传统的爵士乐有着很大的不同。理查德·威廉姆斯（Richard Williams）在 Miles *Davis: The Man In the Green Shirt* 一书中这样描述："爵士乐从开始就是一种在街边演奏的带有不认输男子气质的音乐形式。在迈尔斯·戴维斯（Miles Davis）和吉尔·埃文斯之前的爵士乐作曲家和演奏家一直把街头化、男性化、节奏感强当作创作的主旨。但迈尔斯·戴维斯和吉尔·埃文斯的创作方向有了变化，其音乐作品风格更为流畅，不强调男性化的因素，给音乐里加入了一些细腻柔美的色彩。"

1953 年 Modern Jazz 的 Modernists 造型

随着 1940—1950 年间 *Birth of the Cool* 的录制，20 世纪逐渐被划分为两个时代。后半则被称为"冷爵士"时期，"酷"（cool）的意思等同于"摩登"。1920 年受包豪斯理念的影响，建筑界以及艺术界都更注重视觉美的表现。迈尔斯·戴维斯在录制 *Birth of the Cool* 时这种理念正广泛的传播，并且与这种新的音乐风格相融合。无论是当时还是现在"摩登"都代表了漂亮整洁的装束。那么对于新爵士风来讲，为了展现"酷"的风尚新款的西装是非常必要的。那么就在这时出现了 Modernists 现代主义风格。这种风格的重要服饰元素就是西装，这时的西装与传统款式有了很大的变化。从以前双排扣带垫肩的款式变成了带有合体贴身的轮廓时髦的单排扣西装的款式。

乔·哥德堡同样在 *A Catalogue Of Cool* 里对这种新的款式有所描述："在街上的商店里有些非常不可思议的商品陈列在店里，在一家店的橱窗里居然陈列了一件类似银行职员风格的灰色法兰绒西装。绝对是灰色的，不是深灰而是浅灰，就像你母亲的头发一样的灰色。而且在流行双排扣西装的时代，这件西装竟然是单排扣的，而且最让人惊讶的是它只有一粒扣。"20 世纪 50 年代这种"酷"风格的装束逐渐影响了整个流行潮流。西装的流行从双排扣变为单排扣廓形也逐渐变成了细长的瘦身型，而且袖口的扣子逐渐消失。衬衫在领口的部分也出现了变化，变为了领角部分钉扣子的领型。另外一个更重要的变化就是领带，领带的廓形变得非常细，领带的尖部的三角形变成了四角形就像被剪断了一样，并在 3/4 处的位置上加上了图案朴素的领带夹。这种装束风格逐渐地渗透到了全世界，而"酷"的程度也逐渐的加深。

田园乡村乐手演奏的情景，从图片中能感受到 Folkies 风格的造型

民族乡村主义风尚

Folkies

与 “垮掉派青年”、“疲塌派” 风格(Beatniks)一样 Folkies 族也是 20 世纪 50 年代在北美和欧洲北部逐渐发展确立的街头时尚风格。也是基于对标准化“消费社会”的反抗而形成的一种新的亚文化现象。Folkies 族与披头族有着很多的共同点，在街头服饰的历史中有很多极富创造性的特点和一些绝不能被忽视的独特的性质特点。

披头族和一些现实主义者，在音乐上都追求时髦的爵士音乐，而 Folkies 族从名字上就能体会到他们追求的一种田园主义的风格，所以在音乐形式上则表现为乡村音乐。而披头族的生活方式以及他们所喜爱爵士音乐的本质，都反映出其带有了非常浓

田园乡村十足的服装

乡村歌手装扮

厚的都会都市气息。

和披头族一样 Folkies 族的成员经常住在郊外田间，演奏着他们的主题音乐，将他们的心灵回归自然。比如通过牛仔风格与西部风格来追溯传统的生活方式。虽然 Folkies 族也是崇尚回归自然的，但是与简朴的牛仔风格和西部风格在整体风格上还是存在差异的。Folkies 族的成员多数来自中产阶级家庭，他都受过良好的教育，所以他们追求更纯粹的田园生活，更注重实际地贴近和融入田园的环境中去。

对于传统古老的田园生活理想的追求，Folkies 族与披头族展示出了两种完全不同的方向。Folkies 族憧憬的是一种人与人之间充满了温情与关怀的精神，人生态度非常的积极与乐观，而披头族则信奉和追求一种否认一切存在的虚无主义精神。从这一点上，我们找不到这两种亚文化现象在精神主旨上的共同点。Folkies 族坚信靠人的力量没有什么事做不成，而披头族则对人性的本质充满了绝望感。我们从他们的穿着上也能感受到这两种不同的人生态度，Folkies 族的人们喜欢穿着色彩鲜艳明快的服装与饰物，他们的一些搭配穿着方式在10 年后被嬉皮士所采用。

乡村民族风格的服装

20 世纪 50 年代末到 60 年代初，在英国的格林威治村和伦敦的 Soho 区的 “Fork” 俱乐部以及邻近的一些爵士乐俱乐部里，流行着一种除黑色以外的各色大的 “Sloppy Joe” 毛衣（宽松毛衣），这种色彩鲜艳的宽松毛衣非常的醒目。同时配合这种毛衣男人们穿着灯芯绒裤子以及夹克衫，女人则喜欢穿着小碎花的裙子和女式短上衣。从这开始掀起了一股不需要工业化产物的风格，而提倡田园风格的潮流。带有民族性的田园音乐也一起得到了发展。当时非常流行天然的材料和自然的色彩、手工刺绣等，这与 20 世纪 50 年代的带有未来风格的现代主义思潮是正好相反的。

1981 年 A.C.E 乐队名为 *The Best Of Rockabilly* 专辑的封面，可以看到 Rockabillies (Rock-a-billy)的装束

山村摇滚、摇摆舞风尚

Rockabillies (Rock -a -billy)

山村摇滚是 Country & Western Music（乡村与西方音乐）和早期的 Rhythm & Blues（节奏布鲁斯）相遇，激烈撞击迸发的产物。它是摇滚乐最早的形式之一，也是摇滚乐中第一种主要由白人音乐家（他们中大部分来自于南方）来演奏的形式。山村摇滚是在很有限的乐器上演奏的：一把弦声的电吉他和一个作为支撑的贝斯，他们通常是通过敲击的方式使吉他发出劈啪声，这是一种叫做“Slap-Back”的技术，因而有时候鼓就显得不必要了。山区乡村摇滚的鼓点总是大声而具跳跃性的，从而轻而易举地使之成为同等的美国白人音乐中最具有推进性、最发自内心，也最隐含有性欲的音乐形式。

美国的孟菲斯城(Memphis)所处的地理位置很特殊，它不属于东部西部也不属于北部，位置稍稍偏南但也不属于最南方。这个地区不属于任何地方的管辖。因此在地理和文化方面都没有明显的特点，由于这个地区历史的原因在音乐风格和时尚风格方面也是处于一个各种风格融合的状态。

1954 年，自从一个名叫埃尔维斯·普莱斯利(Elvis Presley)的摩托车手在太阳唱片公司老板山姆·菲利普斯(Sam Phillips)的面前唱过一曲歌以后，“历史”开始被改写了。普莱斯利在当时被称作“Hillbilly-cat”这也是新的风格形成的重要因素。其中“Hillbilly”是对当时一些住在美国南部白种贫民的俗称，他们希望将自身从当时非常繁荣的“黑人”(Negro)文化中隔离出来。但是“cat”则既包含了年轻音乐人的含义同时也含有黑人传统爵士乐中“Hip-cat”的意思。另外，早期的摇滚乐手比如普莱斯利(Presley)、杰瑞·李·刘易斯(Jerry Lee Lewis)、卡尔·伯金斯(Carl Perkins)等人都是 Hip-

1990 年伦敦的乡村摇滚歌迷们，都身着 Rockabillies 风格的服饰

好莱坞明星詹姆斯·迪恩(James Dean)的名作《无因的反叛》，其中的剧照

1981 年伦敦的吉他手身着典型的 Rockabillies 造型服装，留着典型的“鸭屁股”发型

1977—1978 年间的 Rockabillies 风格中的带有乡村气息的格子衬衫

1979—1984 年 Rockabillies 风格中的典型衬衫式样

sters。这就说明他们受到了很多黑人文化的影响，所以他们的音乐和衣着都能找到 Hipsters 的影子，但不同的是他们是群有着新锐装束的白种人。实际上在 Hipsters 的亚文化群体中本来也是包含北方的一些白种人的，逐渐的随着民族间的文化交流与融合就形成了新的“Rockabillies”风格。

北部白种人的 Hipsters 的风格是完全模仿黑人文化，在装束上表现得也非常明显，他们模仿爵士乐手的穿着打扮，留着连鬓胡戴着贝雷帽。而从南方的 Hipsters 的风格衍生来的“Rockabillies”风格，在文化上强调坚持自己的文化背景，提倡自己的音乐和着装风格，并提出了做“过去美好时代的男子”的口号，这里说的所谓“过去美好时代”实际上是指黑人文化还没有流行的年代。他们也留着连鬓胡，还留着“鸭屁股”发型，穿着黑色皮衣并将衬衫扣子敞开着。南北方对 Hipsters 风格的不同诠释从而形成了新的亚文化群，我们可以看出从这个时代起，不同的种族和不同的文化逐渐地开始了交融。

当时美国社会背景的变革影响了这些不同种族不同文化背景的亚文化群的流行与交融。由于第二次世界大战的影响，美国各地不同种族的人彼此接触的机会越来越频繁，而且乡村的人也逐渐向都市迁徙，使得拥有不同文化背景的人交融在了一起。与此同时，美国的广播电台遍及到了整个美国，使人们无论在美国的任何角落都能听到最新发行的 R&B 唱片。这时，美国的电视传播业也开始发展，使得人们能够知晓全世界发生的事情。由于这些媒介的作用，一些特定的人种以及拥有相同文化背景的人逐渐聚集到了一起，形成了共同生活圈也形成自己的亚文化圈。

这些变革还导致了更为强烈的社会文化变革现象，那就是波及到十几岁的年轻人群，由此诞生了一个引导时尚的新层面就是青少年群体(Teenager)。在“二战”中，年轻人成为被关注的中心，他们是民族英雄，由于许多人在 20 岁时就卷入了战争，所以注意力便转到在家的更年轻的兄弟姐妹身上，这就产生了服装年轻化的趋势。1955 年，在 20 岁的普莱斯利正带着女孩子们颓废地摆动着腰部时，好莱坞明星詹姆斯·迪恩(James Dean)的名作《无因的反叛》也在全美上映，一时间所有的电影院都出现了爆满状态。迪恩在影片中饰演一位离经叛道的高中生，他那与年龄相比的过于成熟的忧郁眼神、俊朗性感的外表和洒脱不羁的衬衫牛仔裤的衣着让无数少男少女为之倾倒。普莱斯利和迪恩本人虽

20 世纪 80 年代初，伦敦街头的穿着破旧牛仔裤的 Rockabillies 风格的年轻人

然不是十几岁的年纪，但是他们仍是时尚潮流的焦点人物，他们的追随者几乎全部都是十几岁的青少年。由于这个莫大层面人口的增加，逐渐形成了不容忽视的消费者群。几乎一夜之间“年轻”这个词成了展现自我个性的关键词。以前界限分明的各种文化其界限逐渐变得模糊不清，全部都被这种年轻人的文化所取代。以往不同的民族、地域、背景甚至人种间都会形成文化间的隔阂，但在这个新的青少年层面里唯一的隔阂只是年龄。这种Rockabillies文化则是青少年层面时髦风尚的一个代表，所以其反映了异文化相容的现象。

如果说Hipsters风格是完全照搬了黑人爵士乐手打扮的话，Rockabillies风尚则保留了很多南部白种人绅士的传统装束。其特征表现为多选择白色或柔和色调的服装面料，并且有丰富的装饰。比如：在装饰时经常使用刺绣、镶边、绲边等装饰手段，色彩上经常选择带有强烈对比的颜色，并且经常穿夸张领型的衬衫并将大大的领子翻在西装的驳头外面。一般选择裤腿较肥的西裤款式。同时会搭配色彩鲜明的皮鞋。很明显，从这些服饰搭配上可以看出Rockabillies很像前面提到的西部风尚，都是希望靠衣着提升自己的社会地位。美国的孟菲斯城也是劳动阶层的聚集区，就像普莱斯利是在这里被发现的一样，这里是Rockabillies风格的发源地，这里的社会经济背景也是决定这种风格形成的关键。Rockabillies群体希望被尊重，同时也希望证明自己是成功人士，所以就靠服装来装扮自己，以此来掩

好莱坞明星詹姆斯·迪恩(James Dean)的名作《无因的反叛》电影海报

饰他们只是一些贫困孩子的真实境遇。他们为了让人感觉他们的生活没有被劳动污染，所以总是选择一些干净简洁的装扮。

詹姆斯·迪恩的剧照

但非常有意思的是，同时也诞生出了另一种 Rockabillies 风格。这种风格的代表就是普莱斯利，1957 年他以一种崭新的 Rockabillies 形象在银幕上出现，当时他身穿满是皱褶的劳动布的工装衬衫，牛仔裤和长筒靴。这与他在 1956 年闪闪发光的白衬衣以及白色的靴子形象有了很大的不同。他在装束上变化反映出，他很想掩饰自己摩托车手的卑微身份但又不想忘掉自己的根的矛盾心理。

20 年后在英国，这两种不同装束的 Rockabillies 风格都出现了复兴。在 1976 年同时受到泰迪男孩风尚的影响，一些模仿 Rockabillies 风格的有名音乐人开始流行穿旧的粗棉布制的工装衬衫和工装裤，还将陶制烟斗作为装饰物，就形成了一种新的着装现象，称之为：摇滚现象（Rock´n´roll scene）。这种新的现象又划分为两个不同群体，一个群体完全追随 20 世纪 50 年代美国的 Rockabillies 风格就逐渐形成了后来的朋克（Punk）。另一个群体则结合英国年轻人文化而形成英格兰摇摆舞风格（British Rockabillies）。

伦敦的 Ton-up gril& Ton-up boys 在 Dorchester Hotel 门前集会的情景

咖啡吧牛仔及暴走少年风格

Coffee -bar cowboys & Ton-up boys

在美国加利福尼亚的暴走族疯狂飙车的同时，英国的喜欢开摩托车的时髦少年们正在耐心等待着汽油配给制的实行。1950年英国实行了汽油配给制，随之便在英国出现了与美国暴走族相匹敌的亚文化现象，人们通常把他们称作咖啡吧牛仔或暴走少年风格（Coffee-bar cowboys & Ton-up boys）。

之所以称他们为咖啡吧牛仔（Coffee-bar cowboys），是因为一些年轻人经常聚集在村庄道路两旁的小咖啡店而得名。他们聚集在一起一边喝着咖啡，一边相互展示着自己的摩托车，有时也会比比骑车的车速和技术。他们经常在公路上飙车而越来越臭名昭著，因此国会颁布法令禁止在公路上飙车。后来他们就成群结队地穿着皮夹克骑着被擦得亮亮的摩托车，在远离市中心的一些隐匿的偏远村庄的小咖啡馆集会。这也就是英国暴走族亚文化群形成的一个标志。

暴走少年（Ton-up boys），这个英文词是一个俚语，意思是指以每小时100英里速度开车的男孩。暴走少年与咖啡吧牛仔都有着共同的目的，那就是骑着摩托车来速度的比赛。

20世纪60年代Ton-up boys造型的典型皮衣款式“Vinyl Jacket”

1954年在美国上映的电影《野小子》中，主人公形象的灵感来源就是暴走少年。身穿皮夹克、牛仔裤、皮靴的男主角马龙·白兰度(Brando)的电影宣传画和明星照到处都是。但是，实际上对于大部分的暴走少年来说，像电影男主角一样的皮夹克是很难得到的。首先，这种皮夹克一般商店很少有卖的，另外价格也很昂贵。所以只有很少的人能在伦敦买到这样的皮夹克，而大部分人只能选择树脂或塑料材料的夹克。暴走少年的装束除了皮夹克外，在皮夹克里面还要穿一种手编的“阿兰毛衫”（Aran Sweater）（爱尔兰西部阿兰岛渔民穿的毛衫式样），牛仔裤以及沉甸甸的皮靴，同时还要在皮靴口露出被揉皱的白色短袜。除了这些还有一件最重

1963年电影*The Leather Boys*中的剧照，剧照中是伦敦街头的两个Ton-up boys造型的年轻人

左图：Ton-up boys 造型，皮夹克搭配牛仔裤、头盔和靴子也是必不可少的装备
中图：Ton-up boys 造型
右图：1964-1967 年间的 Ton-up boys 造型

要的配饰就是，一定要佩戴白色丝质的围巾。这种装束在不论年龄只要是男人就要穿西装的 50 年代，是一个革命性的变革。特别是皮夹克，这种现在谁都穿的服装，在当时却暗示着穿着者是流氓或不良青年。1963 年名为 *The Leather Boys* 的电影中同样为我们展示了暴走少年的形象，擦得非常干净的流线型摩托车，还有伦敦街道上无处不在的黑色皮革或黑色树脂的光泽。

暴走少年中有一些女性，被称作（Ton-up girls）。虽然人数非常少，但她们确实也是这个群体中的一部分。她们与男孩子一样，同样穿着皮夹克、牛仔裤、皮靴。在 20 世纪 60 年代人们的眼中是非常令人惊讶的。

20 世纪 60 年代在英国非常走红的 The Zombies 组合，虽然他们不能完全称得上是 Mods，但是 Mods 造型很大程度上受到了他们的影响

摩兹风尚

Mods

Mods 文化起源于上世纪 50 年代末期的伦敦。在 60 年代早期到中期最为盛行。70 年代后期英国又有次 Mods 复兴，而到了 80 年代早期，美国的加州也掀起了一阵 Mods 复兴。在现在 Mods 则更多时候泛指流行的，时尚的文化。

由于处于战后年代，生活在伦敦中心地区和北部的新城镇的年轻人不需要像以往一样，在放学后打工补贴家用，因此他们自己有了更多的闲钱去买衣服。这直接导致了伦敦服装店的盛行，一些设计师也因此名声大噪，比如玛丽·奎恩特（Mary Quant，迷你裙的设计师）。很多 Mods 的名言也是“宁肯不吃饭，也要买衣服”。对时尚的热爱也表达了 Mods 族们要从无聊乏味的日常生

1964 年伦敦卡纳比大道(Carnaby Street)上的 Mods 们

活中解脱出来的愿望,但他们的消费力又是理性的,多选择意大利或法国剪裁的服饰。例如定制的套装、马海毛服饰、窄领带、系到最上一颗扣的衬衫、羊毛 V 领毛衣、皮鞋,这和郊区们的 Rockers 喜欢穿机车皮衣的粘腻造型形成鲜明对比。发型上则模仿当时法国电影的影星 Jean-Paul Belmond。

左:Mods boy 和 Mods gril 的造型
右:1980 年的 Mdos 造型

Mods 可以解读为"Modern",这是一股属于 20 世纪 60 年代的另类流行文化。它起源于英国,在 20 世纪 60 年代初期,英国的年轻人流行文化受到多重文化的影响,而最大的影响则来自美国。比如:20 世纪 50 年代美国的摇滚乐盛行以及"Teddy boys"文化的影响。自主性极高的英国年轻人逐渐将它发展成本土流行文化;他们的一切行为都非常自我。例如:去自己喜欢的服装店逛街买衣服、去咖啡吧熬时间、更喜欢去

1983 年的 Mods 造型

身着各种款式派克大衣的年轻 Mods 们

Mods 造型中的重要配饰，美军所使用的大衣 Fish-tail M-51 与 Parka M-65（派克大衣）

自己喜好的俱乐部去谈天说地，喜爱音乐是 Mods 共同的特性，尤其喜爱黑人的灵魂乐（R&B），他们常聚在一起讨论音乐及欣赏音乐，也常去听歌、跳舞，还自创自己的舞步，后来也有了自己的音乐和乐队！

Mods 的平均年龄约在二十岁左右，他们有自己的发行、服装、配件，

电影《罗马假日》中的剧照，男主人公骑着 Mods 最爱的意大利式的小型摩托车

Mods 们以当时最流行的进口意大利威士牌（Vespa）小型摩托车、蓝美达（Lambretta）摩托车作为代步工具

还有极具代表性的 Mods 标靶圆心符号！可以说当时的 Mods 是走在时尚潮流尖端的一群人！1960 年代的英国年轻人他们也有着崇尚国外货的情节，他们模仿法国明星的覆耳发行，穿着欧洲时尚先驱、意大利进口的西装、意大利皮鞋、靴子，再套上美国的军用大衣，以当时最流行的进口意大利威士牌（Vespa）小型摩托车、蓝美达（Lambretta）摩托车作为代步工具。而且这些车种都有数不尽的改装套件，让 Mods 这群人有最个性化的表现。每个人都把车打扮得非常的华丽、非常的亮眼，更突显自己穿着的流行度，时而一群车在繁忙的街道上穿梭前进、呼啸而过，引起路人的注视，所以也有人称这群人为“Scooter Boy”，被英国人称为 Modern Cultures 简称 Mods!

在当时的英国最红的是法国电影，所以为了模仿并追上潮流纷纷留起法式发型，而身上穿的是剪裁极佳且时尚的意大利西装及不打褶且改短成七分的西裤，针织领带和手工制的鞋子也是基本行头，并且 Mods 族们相当注意细节，甚至到近乎痴狂的地步，裤子的长度还有外套侧孔等小细节都必须分毫不差。但是骑车时产生了问题，就是该如何保护他们的西装，解决之道是一件附有帽兜的卡其色外套，也就是美军所使用的大衣 Fish-tail M-51 与 Parka M-65（派克大衣）这两种型号。当初第二次世界大战时英美是盟军，英国对于美军的物品取得也方便。当初不知起头者是谁，为了骑车或修车时，不让污渍沾染里面昂贵的西装，而穿上美军大衣，之后便争相模仿，也造就了 Mods 最明显的身上行头。

更有很多男 Mods 跨越性别的偏见，用眼影、眼线笔、唇膏。女 Mods 打扮都偏中性，短头发、穿男款裤子和衬衫（就像现在流行的 Boyfriend style）、平底鞋、化淡妆（只是简单的粉底，喜欢用棕色眼影）。而迷你裙则更像是她们对父母承受能力的挑战，只有更短没有最短。当时的超模崔姬（Twiggy），就是把这种 Mods Look 带到了高级时装（High fashion）的世界，从而影响了世界范围的时尚。交通工具则是当仁不让的小绵羊摩托(Scooters)，这种车骑起来比一般摩托车优雅，弄脏他们衣服的可能性也小。在雨天，他们更会特别在衣服外面再套上件军款外套，如(m51,m65 等），防止衣服被雨水和泥地弄脏，对衣服的热爱也可见一般。

1980 年伦敦的女性 Mods 造型

音乐上，Mods 的口味同样非

左图：设计师 Paul Smith 1993 年设计的 Mods 风格的套装　中图：20 世纪 60 年代女式 Mods 造型服装　右图：20 世纪 60 年代 Mods 造型，黑色纯毛裤搭配针织衬衫

Mods 喜欢干净、精致的西服套装。比如：定制的套装、马海毛服饰、窄领带、系到最上一颗扣的衬衫、羊毛 V 领毛衣、皮鞋

常杂，如 Soul,Ska,British Beat music,R&B，他们喜欢去酒吧展示他们的新衣服和舞步，甚至可以达到天天去的地步，当然也忘不了抽空去买唱片和新衣服，为此他们宁愿多打几份工去支付自己不菲的花费。

实际上 Mods 文化继承了两种亚文化流派的衣钵，Beatnik 和 Teddy boys。Beatnik，是上世纪 50 年代至 60 年代由于暴力电影和卡通影响而价值观扭曲的人群，他们喜欢穿黑色高领毛衣，戴贝雷帽，喜欢去咖啡馆，咖啡吧在当时很受年轻人的欢迎，因为典型的英国酒吧都在 11 点关门，但咖啡馆则一直开到早上。Teddy boys，则是一个开启了男装时尚的流派，喜欢高级定制服饰，在装束上尽可能地想靠近上流社会，掩盖自己的工人阶级身份，性格上也都非常敏感，自恋。

剧作家科林·麦可因斯（Colin MacInnes）在名为 *Absolute Beginners*（《绝对新手》）的书中，对“一代人”（Generation）这个词有了全新定义。最容易理解的例子就是，20 世纪 50 年代末“代沟”的概念不止出现在父母与孩子之间，还出现在了年龄大一点的年轻人与年纪轻一点的年轻人之间。从此开始，街头服饰的流行的发展也开始出现了变化。以前街头风格的产生背景或基础往往是阶级根源，但逐渐地被以摩登、未来派装扮为根源的主旨所取代，完全忽略了阶级背景间的差异。即汲取 20 世纪 50 年代初美国式的摇摆舞流行文化，同时又保留着欧洲大陆的“小英国主义”作风。这就是所谓的“新一代”。

他们骑着小型轻便摩托车、穿着意大利式的西装、留着法国式的发型，看着新潮电影，这就是当时所谓的“新一代”。他们认为摩登就是国际化，标榜自己是“世界市民”，所以他们的爱好从牙买加的音乐、黑人的节奏音乐和布鲁斯音乐到意大利的头巾，非常国际化。在 *Absolute Beginners* 中的男主角也是“新一代”中的一员。书中这样描述他的打扮：学生气十足的修剪整齐的发型、非常干净的白色意大利式圆领衬衫，带有小开衩的两粒或三粒扣的做工精致的罗马式短上衣、裤角非常窄的瘦腿裤子、尖尖的皮鞋、手里还拿着件白色的风衣。同样书中对男主角的女朋友装束也有很详细的描述：她穿着运动款的短裙、尼龙长筒袜、高跟鞋、尼龙绉纱的衬裙、衣长极短的西服夹克、化妆基本上是惨白色显得脸色好像死人一样，同时用了很多的睫毛膏显得眼睛黑黑的。由此我们可以看出他们打扮无不体现着国际性，同时也在某种程度上忽略了性别的界限。英国的这些时髦现代的“新一代”年轻人群体，大多出自下层中产阶级。他们不像“泰迪男孩”那样强调自己出身于劳动阶层，对于阶级问题他们极不关心。而对于他们来说最关心的就是“消费能力”的问题，他们更注重享受消费时代。到了 20 世纪 50 年代末，无论年老还是年轻都开始加入到了消费时代的潮流中。这时的“新一代”就更为注重生活的品质，他们甚至认为即使拥有一打不同扣子数量的西装，也不如拥有一件完美质地和做工精良的西装而更能显示自身的品位。

1960 年左右，这样一些爱打扮追求外表虚荣的年轻人经常出现在伦敦的咖啡吧或爵士俱乐部里。1962 年，尼克·科恩(Nik cohn) 写的名为 *Today There Are No Gentlemen* 的文章里将这类人群称之为摩兹族(Mods)。但是，这并不是我们想象中的摩兹族形象。我们现在看到的摩兹族，大多是身穿派克大衣骑着小型摩托车的形象。这是因为他们要经常骑着摩托车，所以穿着贵重的西装或价格昂贵的休闲装就显得不太方便，所以他们经常穿着派克大衣，完全是实用的目的，但后来这也成为摩兹风格中的重要时尚元素。他们也像其他的时尚流派一样遵循着 “简就是繁”的定律。两粒或三粒扣深蓝色意大利式的短款西装、瘦腿裤、尖皮鞋、军绿色带帽子派克风衣成为了摩兹族风格的标志。

1962 年，杂志 *Town* 作了专门介绍摩兹族亚文化的特辑，随后其他的媒体也争相报道。由于媒体的介入，摩兹族在伦敦越来越流行，同时摩兹族的模仿者也越来越多。他们都尽可能地模仿其穿着打扮，使自己看上去就是真正的“摩兹”。在伦敦卡纳比大街上有家名为“John Stephen´s His Clothes”的店，里面出售意大利风格、都市绅士风格等又酷又时髦的服饰品，成为这些年轻人经常光顾的地方。摩兹族中最初是有男子发起的一种亚文化群体，后来为了追求中性风格的着装理念，一些女孩子也逐渐加入进来。

与此同时，身处摩兹族同一时代的年轻人们，也都将自己的裤腿边向上折起，并将裤线熨得笔直，在整体的着装风格上完全模仿着摩兹族的穿着方法。从 1970 年到现在，摩兹族的着装风格反复出现在了街头时尚的舞台上，现在很多的年轻人依然模仿着他们的打扮。在这些模仿着中间有的年轻人喜欢完全模仿最初的摩兹风尚，他们将“摩兹精神”再度演绎，重现了当年摩兹族的风采。当然在这些模仿者中也不乏很多模仿手段和方法不够纯熟的年轻人，使得这种新的摩兹风尚与以前的风格有些偏差。比如，传统的摩兹族很注重服饰的整齐、干洁、完美，而新一代的摩兹则有很大的不同，他们虽然也穿着派克大衣，但行为却完全不同，他们邋遢、散漫、没规矩、态度吊儿郎当，可以说他们只是一些“伪摩兹”。

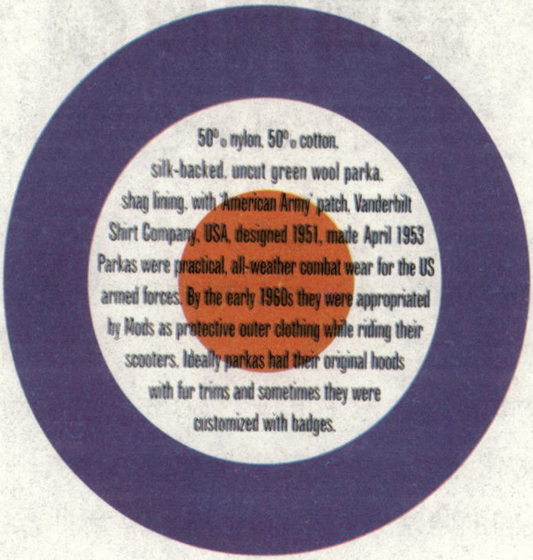

Mods 的标志

皮衣、摩托车、摇滚乐是 20 世纪 60 年代初英国的 Rockers 的最具代表性的特点

洛可帮风尚

Rockers

这是 20 世纪 60 年代的青少年帮派，喜好穿皮夹克和骑摩托车。

这种风格实际上起源于上世纪 50 年代的英国，是以机车文化为主的亚文化流派。主要元素是英国的摩托车文化和摇滚乐（这里要和美国的哈雷摩托文化区分开）。因此，这种文化和摩托车的普及有很大关系。“二战”后期，摩托车还在英国社会享有一个很荣耀的地位。人们把摩托车与很积极的形象、财富、光辉联系在一起，但从 20 世纪 50 年代开始，中产阶级有能力买得起汽车了，摩托车从此成了穷人的交通工具。另外，Rockers 出现的因素还有以下几种：英国战后物资定额配给的终止；年轻工人阶级数量的增长；贷款对年轻人的开放；美国流行音乐和电影的影响，英国城市建造的环行路增多，意味着飙车的赛道也多了；路边小咖啡店的兴起。这些因素都助长了英国成为机车文化的重镇。

Rocker 的时尚更倾向于实用性，如铆钉装饰的机车皮夹克；骑车时不戴头盔，或将头盔盖打开；保护眼睛的护目镜；保护颈部的白丝巾；舒服的 T 恤；皮质的帽子；Levi´s 或 Wrangler 的牛仔裤、皮裤；鞋多选择高帮 Lewis Leathers 机车靴，或 Teddy boys 喜欢穿的 Brothel Creepers；发型则模仿他们喜欢的摇滚明星，梳些夸张的背头式发型。

随着 Rockers 文化的发展，两部影片在其中又起到了推波助澜的作用，一部是 *The Wild One*、一部是 *The Hells Angels*，这也导致 Rockers 分成两派。一派如前一部，经常在咖啡店外闲逛，打些无意义的架，反对极权主义和家庭生活。另一派如后一部，形象和前一派相似，但是不太卷入打架，暴力的活动。Rockers 夸张

左一左二图："59Club" 里的 Rockers 们所穿的皮衣
右一右二图：Rockers 们最爱的皮衣上装饰着很多的商标或各种别针

1993年Rockers 女孩 Judy Westactt 在伦敦哈克尼区的“59Club”的照片，Judy Westactt 一身典型的Rockers打扮

的造型，他们并不被酒吧和舞厅所欢迎，他们也将舞蹈转变成一种他们更暴力更个人的形式，让社会产生了恐慌。在这个时期，大众媒体开始把Rockers定义为一群想入非非的社会弱势群体，并称他们是“民间恶魔”，这样夸张的误导也在民众间引起了恐慌。Rockers被认为是没希望的、天真的、粗俗的、肮脏的社会边缘人。逐渐他们把自己沉浸在摇滚乐和时尚

左图：1990年Katharine Hamnett设计的Rockers风格皮衣　中图：1993年John Richmond设计的Rockers风格女装　右图：1994年Gianni Versace设计的Rockers风格皮衣

中，对摇滚乐的热爱甚至已经和机车上升到了一个高度。他们喜欢的是20世纪五六十年代之间的摇滚明星，这些歌手包括吉恩·文森特（Gene Vincent）、埃迪·科克伦（Eddie Cochran）、查克·贝里（Chuck Berry）、埃尔维斯·普莱斯利（Elvis Presley）等，在当时都被认为是很颠覆性的音乐。

提到Rockers，不得不提Cafe Racer这个名词。因为Rockes经常把咖啡店作为飙车的起点和终点。Cafe Racer的摩托车为了更快的速度和驾驶的舒适都已经经过调整。比如，单独的驾驶座、更低的车把、更大的油箱、半脚踏、消音器。这些摩托车重量更轻，也更适合各种路况。Rocker文化顶峰时期最受欢迎的车型是海王星（Triton），是用Norton Featherbed车架和Triumph Bonneville发动机做成的，这也当时是最好的车架和最快的发动机。Rockers的驾驶速度可以达到160KM/H或更快，他们将机车转变成一种生活方式，叛逆、拒绝社会的主流生活，也不考虑所谓的负面影响。

在1960年代许多Teddy Boys（泰迪男孩）转变成了穿着皮衣皮裤，戴着铁链骑乘重型机车的（Rockers）洛可帮，并且成为Mods的死对头。而较后期的Mods，因美国文化的传

1988年John Richmond的春夏时装发布会上的一款女式Rockers风格皮衣

上图：1988年Pam Hogg的秋冬时装发布会上设计的Rocker风格的皮衣　下图：20世纪60年代Rockers的皮衣

Rockers 的皮衣上装饰着各种摇滚风格的图案

入，在美国加州的有钱公子哥的打扮也试图被模仿，弗莱德·派瑞（Fred Perry）的 Polo 衫搭配小两个尺码的 Levi′s 501(原始版型)牛仔裤，成为后期的 Mods 的装扮。这些是属于出身自工人阶级的年轻小 Mods，一些早期 Mods 无法认同他们是同一族的。早期 Mods 总是斤斤计较行头的正确性，对于品味非常挑剔。而小 Mods 只随意穿着休闲服，却只在意口袋里跳舞助兴的绿色小药丸，和在街头随时挑衅 Rockers 准备械斗一场，因此可从此分辨出两个不同时代的 Mods。故在晚期 Mods 给人的印象是与暴力犯罪画上等号的，在当时常可在街头看见斗殴的场面，尤其是在海边，几乎都是一群二三十人穿着绿大衣的 Mods 与七八个梳油头穿皮衣骑机车的 Rockers 打群架，因为当时 Mods 大多十五六岁，身材较为矮小，要对抗二三十岁身材壮硕的 Rockers，只有人多才能取胜。

1964 年 5 月 18 日，几乎所有英国报纸的头条都刊登了这样一幅照片：在英国布莱顿，一大群的摩兹少年正抡起折叠椅威胁两个孤立无援的洛可帮少年跳到 15 英尺下的海里。照片里的摩兹少年们穿着休闲外套，带着墨镜，而洛可帮少年则穿着带有铅质铆钉和纪念章的黑色皮夹克和鞋头尖得像刀锋一样的靴子。像这样不同亚文化群年轻人之间的暴力事件，被媒体大规模报道还是非常少有的。这一事件在街头时尚与青年人文化的历史中占有很重要的位置。在数年后，人们称其为“街头风格之战”的第一炮。1964 年摩兹族与洛可帮之间的冲突，完全是由于双方对于穿着风格方式问题上存在的分歧所引起的。从表面上看来，这可能只是年轻人之间不同的穿着喜好之争，其实这一事件足以让我们改变对街头风格的看法。那就是在我们现在所处的时代，街头的

1994 年 Bella Freud 的春夏时装发布会上的一款女式 Rockers 风格夹克

1993 年 Rockers 男孩 Shaun 和 Rick 在“59Club”的照片

Jean -Paul Gaultier1989—1990 年秋冬时装发布会上的一件 Rockers 风格的女装

风格除了其表面的装饰意味外，更能表达年轻人深远复杂的心理甚至信仰。所以发生在英国布莱顿的这次事件，表面上只是着装风格之争，但实际上反映出不同的社会背景以及文化对于年轻人的影响，其实是这一事件的本质是一场不同等级阶层间的纷争。但是这场带有政治色彩的斗争完全转化到了年轻人的着装理念中，已经完全转变成为了“蓝色”与“白色”之争，或者是“带有污渍的旧皮夹克、牛仔裤”与“休闲服和笔直整洁西服套装”的斗争。关于这两种不同风格装束的话题还不止于此，洛可帮健壮的形象与摩兹族柔弱的形象，从另一个角度诠释着对“男子气”的理解。穿着干净整洁套装的摩兹形象，很适合一些上班族来穿着，所以很快地被社会所接受，很容易地融入了社会中来。相反，洛可帮的造型显得过于粗野，因此被社会所排斥，成为了一些社会边缘人的象征。

1960 年初开始，历史的车轮在加速前进，特别是年轻人文化的各种不同种类也越来越快地发展。就像前面提到的一样，1962 年摩兹族终于获得了社会的认同，并且确保了自己独特的亚文化圈的地位。然而，洛可帮的发展开始被认同则要更晚一些。1962 年左右，在伦敦的一些类似咖啡馆、酒吧的场所，经常聚集着一些咖啡吧牛仔及暴走少年（Coffee-bar cowboys Ton-up boys）和一些被称为皮衣少年（Leather boys）的年轻人。"洛可帮"一词，本来是摩兹族用来讽刺这些喜好摇摆舞年轻人的，但是这些咖啡吧牛仔及暴走少年却接受并把这个词作为一种风格的代名词来使用。1963年至1964年间摩兹族的人数激增，使得这种亚文化圈的地位越来越明显，而洛可帮参照这种做法逐渐地扩大自己的队伍。

标准的暴走少年风格装扮强调服饰的朴素、俭朴，注重服装的机能性，而洛可帮的装束则更看重装饰。他们的皮夹克上要有很多斑驳的油漆渍、涂料渍，还排列着铅质的铆钉，还要有代表"洛可帮"花纹的徽章。暴走少年狂热地迷恋着骑摩托车飙车，这种飙车的生活满足不了洛可帮年轻人，他们更热衷于将各种摇摆音乐人的造型融入到自己的装束中来。新的洛可帮们认为自己背负着推广摇摆乐并让更多人接受摇摆乐的使命，他们带着这种使命骑着摩托车飞奔。他们的行为并非没用，在1960年开始，著名摇摆乐歌手"猫王"（埃尔维斯·普莱斯利）开创了所谓"硬摇滚"的先河，这种新意义上的摇滚乐连续不断地冲击着流行乐坛，它更容易被一般的人所理解和接受，逐渐地使得摇滚乐被社会所接受。洛可帮更将新的"硬摇滚"式的音乐风格与摩托车文化相结合，形成了一派新的年轻人亚文化现象。从此，铆钉、斑驳的油漆渍、铁链锁、带有剃刀般锋利的尖头靴子，以及"硬摇滚"得到了世界各国年轻人的追捧。

20 世纪 70 年代后期的 Rude boys &Rude grils &Two-tone 的造型

粗鲁男孩风尚

Rude boys & Two-tone

1962 年牙买加共和国成立。由于受到非洲文化和美国文化的影响，并融合了牙买加的本土文化，形成了一种新的独特的牙买加文化。20 世纪 50 年代开始流行的可移动式音响、大型的舞厅以及最新节奏的流行音乐和布鲁斯音乐的进口唱片，逐渐流入牙买加。从 20 世纪 50 年代末到 60 年代初，舞厅里模仿牙买加雷鬼音乐家普林斯·巴斯特（Prince Buster）一样的 DJ 是当时最具代表性的。最初他们在舞厅中使用的音乐被称为“粗野布鲁斯”(Rudie Blues)，这些 DJ 在他们的音乐中加入了拉斯塔法里（牙买加的本土教派）的非常有规律的打击乐节奏，形成了一种独特的牙买加风格音乐——“雷鬼音乐”（Reggae）。

牙买加岛上人才济济，在当时最具代表性的可以说是普林斯·巴斯特，以一个歌手以及制作人的身份来说 Prince Buster 在雷鬼音乐历史中是一位重量级的人物。无论对于“斯卡音乐”（Ska）还是“雷鬼音乐”（Reggae）的发展，他都是一位举足轻重的人物。没有他也就不会有知名的音乐团体“Two-tone”，也就更不会有雷鬼音乐史上的第三次浪潮。历经 45 年的表演，Prince Buster 直至今日还是依然受到很多人的景仰。

普林斯·巴斯特本名塞西尔（Cecil Bustamente Campbell），1938 年 5 月出生在牙买加，父亲是个铁路工人。普林斯·巴斯特年轻时喜欢拳击和唱歌。当时他结识了位好朋友，在他开创音乐事业时给予了他很大的帮助。这位朋友就是金士顿（Kingston）地区最著名的黑帮首领。在 20 世纪 50 年代中期开始了他的音乐旅程，1959 年开了自己的唱片行，隔年又发行了自己的首张单曲 *Little Honey*，并组建了自己的音乐团体，成员包括雅（Jah）、杰里（Jerry）、罗德里格斯（Rodriguez）和帕克（Parkes）。普林斯·巴斯特造就了一种感性的，且与美国 R&B 截然不同的独特音乐形式。普林斯·巴斯特出唱片的速度惊人，他的英国批发商已有 80 年的历史，但却跟不上他发片的速度。他一共发行了 600 首音乐，相当于一个礼拜创作出两

这是伦敦最早的斯卡乐俱乐部“Gaz's Rockin'Blues”中最典型的 Rude boys 的造型

支新曲，并且几乎全部成为当时流行的金曲。一个牙买加的新星，在英国急速走红，支支金曲打入英国市场。当然随着他音乐的流行，他的装束也被年轻人争相模仿。

1979 年被称为“Ska Godfather”的 Laurel Aitken 在自家门口的照片，他也是 Rude boys &Two-tone 风格的创始者

在当时斯卡（Ska）也是一种非常流行的音乐形式。它是牙买加的一种本土流行音乐形式(属于雷鬼乐族群)。20 世纪 50 年代产生 60 年代早期非常流行，是后来风行一时的雷鬼乐(Reggae)的直接祖先。它受到新奥尔良节奏布鲁斯、爵士乐、非洲古巴黑人音乐、早期摇滚乐以及其他多种音乐形式的影响。这是一种轻快的音乐，蜻蜓点水般的吉他演奏和切分节奏是它的鲜明特色。从某种程度上讲，我们可以认为它是牙买加人用自己的方式演绎出的节奏布鲁斯。1966 年雷鬼音乐逐渐取代了斯卡音乐，普林斯·巴斯特以锐利的眼光找来了新的音乐团体“雷鬼坏男孩”，开创了新的音乐巅峰。

随着年轻人音乐潮流的发展变化，服装风格也随之开始了变

1980 年伦敦的双胞胎 Rude boys &Two-tone 兄弟的照片，他们穿着剪短的细长瘦腿裤、永远戴着深色的太阳镜和平顶卷边圆帽

化。与北美及意大利、英国一样，牙买加的年轻人服装风格同样受到50年代初爵士乐手的影响，牙买加的时髦形象也开始出现了萌芽。特别是被称为“粗鲁男孩”（Rude boys）的装扮样式是最具代表性的。卡罗尔·塔洛克（Carol Tulloch）在她关于黑人服装风格，名为 *Rebel Without A Pause* 的书中称“粗鲁男孩”是牙买加最早的亚文化街头服饰风格。并在书中这样描述“粗鲁男孩”的造型：“穿着剪短的细长瘦腿裤、很酷的皮质外套、永远戴着深色的太阳镜和平顶卷边圆帽。”这一形象很像现代主义风尚的造型（Modernists）以及爵士乐手的造型。因此不能忽视美国的流行文化对牙买加文化的影响。

Rude boys &Two-tone 的经典装束

“Rude boys” 的一个重要标志就是短到脚踝以上的瘦腿裤子。牙买加的音乐人迪克尔（Desmond Dekker）跟随唱片公司到英国访问，当时得到了一件西装，当时他随即将裤子的裤腿剪去了6厘米，由此这种裤子就开始风靡一时。不容忽视，“Rude boys” 的另一个标志就是喜欢在服饰中使用两种反差较大的鲜艳的色彩，以增强服装的耀眼程度。深蓝和浅蓝的搭配就是当时最优人气的服饰色彩搭配方式。因此有人也称“Rude boys”为“双色小子”（Two-tone）。

由于遭受到长期的殖民侵略和种族歧视，黑色人种也在坚持不懈地进行着反对殖民主义、反对奴役、寻求解放的斗争。在此过程中，人们逐渐认识到了“黑人样式”所反映出来的独立和民主的政治含义，并积极地将它发展成为自由、平等的旗帜和争取解放的武器。这种政治内涵深植于人们心中,并一直影响到今天生活在世界各地的黑人和追求平等的人们。

由于斯卡和雷鬼音乐的快速流行,很多白人也非常喜欢这种极富民族色彩的年轻人音乐形式，在斯卡音乐主题的俱乐部里、酒吧里,甚至演唱会里都能看到很多白种人。当然自然而然地伴随着音乐潮流,他们的服装潮流也开始效仿斯卡、雷鬼音乐人的穿着。随后,这种穿着剪短的细长瘦腿裤、很酷的皮质外套、永远戴着深色的太阳镜和平顶卷边圆帽的男孩形象成为了英国街头时尚的主导。20 世纪 1960 年到 1980 年之间,英国成为了世界流行文化的中心。

20 世纪文化艺术的发展,特别是 20 世纪后半叶以反体制思潮为特征的流行文化的发展也为“黑人样式”进入国际时装舞台创造了前所未有的契机。从毕加索的“立体主义”开始,非洲艺术就引起了前卫艺术家的浓厚兴趣,而不少先锋服装设计师也开始关注非洲。一些和当今“黑人样式”密切相关的非洲风格由此进入到时装设计领域。例如设计师埃尔萨斯·查帕莱莉(Elsa Schiaparelli,1890—1973)到非洲旅行时,当地的风土人情激发了她的创作灵感。她把北非的蝴蝶和蜻蜓装饰在领口,在色彩上也大量运用起非洲浓郁的色彩,如虞美人色、绯红色、紫地丁花色、粉红色等。20 世纪 60 年代以后,许多设计师都推出了包括“黑人样式” 在内的各类民族风格的设计作品，如 20 世纪 70 年代,伊夫·圣·洛朗在他的作品中所表现的非洲风格就是成功的例子。而约翰·加里阿诺和亚历山大·麦克奎恩在 20 世纪 90 年代受后现代主义思潮的影响,也相继推出了与“黑人样式”相关的作品。

1967 年在伦敦著名的卡纳比街几个 Swinging London & the psychedelics 风格的年轻人

摇摆伦敦、迷幻音乐风尚

Swinging London & the psychedelics

1964 年开始"Mods"文化开始逐渐分化成为两个不同的新亚文化圈，一个叫"Hard mods"，而另一支则发展成了以后的"Skinhead"（光头党）。这个时期的伦敦跟现在伦敦的氛围有些不同，不像今日的暮气沉沉，当时的伦敦在生活各方面都掀起过一阵撼动世界的狂飙运动。故事从市中心的皮卡迪利广场（Piccadilly Circus）开始，杂乱的霓虹灯、夹杂着红色的双层巴士、黑色的出租车，以及满脸讶异的观光客。在它的附近，有一条卡纳比街（Carnaby Street，伦敦 20 世纪 60 年以出售时装著名的街道），这是一条以年轻人时尚而出名的街道，它是迷你裙、迷幻药，以及其他 60 年代著名时尚产物的发源地。这条号称全伦敦

20 世纪 80 年代初，伦敦的 Swinging London & the psychedelics，强烈的色调和花俏刺目、绚丽多彩的服饰所主宰，这一场景似乎把人们带入幻觉的世界，似乎眼前的五彩斑斓的景象完全是幻觉

最不羁、最邋遢的街道，有人把它形容成一个活生生的“街头文化”博物馆，但是它却是当时年轻人的时尚文化圣地。有人也称其为“摇摆伦敦”（Swinging London）。在这条街上，在古老的报亭前、在古老的裁缝店里，在路边的小咖啡馆里永远聚集着穿着另类的年轻人，这条作为“Swinging London”发源地的古老街道，逐渐成为了西方世界流行文化的中心。这条街上出售年轻人服饰的新店越开越多，出售着各种各样的新奇的时尚商品。这些服饰商品大多有着一个共同的特点就是它们都有着鲜艳而夺目的色彩。比如：有着平时无法想象鲜艳色彩的太阳镜、带有“波普”抽象图案装饰繁复的服饰。最具代表性的就是类似军装制服款式的服装，这些服装全部使用色彩鲜艳的丝缎或花缎作为服装的面料，同时还在上边排列装饰了闪光的各色扣子。这种式样的服饰也是 “swinging London” 的最明显的特征。“Swinging London”的审美意识与“Modernists”的“简即是繁”的观点正好相反，“swinging London”风格的年轻人们喜欢装饰繁复的服装。无论在卡纳比街（Carnaby Street）还是在国王路（King

Road）都能看到成群的身着装饰华丽、色彩鲜艳服饰的年轻人。在这些年轻人的审美意识中，充满了强烈的“自恋”情结，不但女性有着强烈的自恋倾向，男性也有同样的审美观念。这样的着装式样甚至成为了暗示着“同性恋”倾向的服装。从此，中性服装（Unisex）意识的革命开始席卷整个世界流行时尚。

1966 年左右，“Swinging London”为流行文化带来了一次狂潮。到处都被令人目眩的

1967 年在伦敦著名的卡纳比街几个 Swinging London & the psychedelics 风格的年轻人

20 世纪 80 年代初，Swinging London & the psychedelics 年轻人的照片

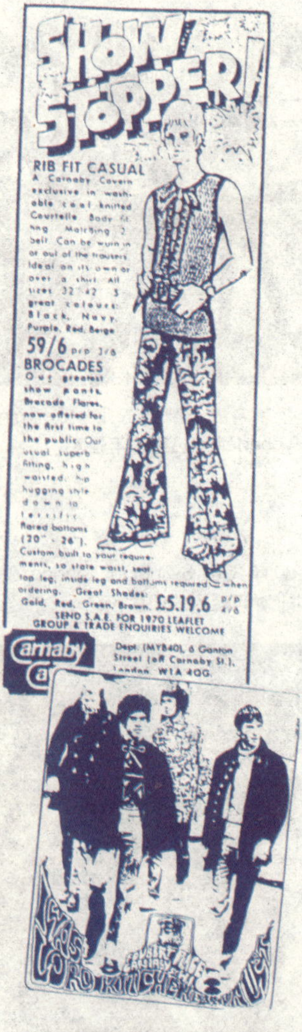

杂志（*NME*）上刊登的新服装风格的广告，这种风格就是 Swinging London & the psychedelics

“波普流行艺术”、强烈的色调和花俏刺目、绚丽多彩的服饰所主宰。这一场景似乎把人们带入幻觉的世界，似乎眼前的五彩斑斓的景象完全是幻觉。“迷幻”（Psychedelics）一词开始流行。

1964 年夏天，美国著名的小说家肯·凯西（Ken Kesey）和他的团队，开着一辆命名为“向前”（Further）号且车身涂满了绚丽色彩和波谱图案的校车，满载着一伙自称为“快活的恶作剧者”（Merry Pranksters）的青年男女从加利福尼亚州出发，横跨美国大陆，到达纽约世界贸易大厦，然后又返回。开车的正是被称为“BG 天使”（垮掉一代天使）、凯鲁亚克《在路上》主人公迪安的原型尼尔·卡塞迪。由此所谓的“Psychedelics 革命”（迷幻革命）开始了。“Psychedelics 革命”在被社会关注到时，这些开着彩色汽车的“Merry pranksters”年轻人们，已经逐渐地发展成为了被称作“嬉皮”（Hippies）的群体。在后面的章节里就有关于“嬉皮”（Hippies）文化的介绍。由“Merry pranksters”所倡导的“Psychedelics 革命”与“嬉皮士”们所倡导的“和平与爱”（Flower power）的反传统的革命虽然有很多的共同之处，但还存在着一些不同点。他们聚集在一起所要宣扬和表达的都是反文化以及反传统的信仰和观点，在这一点上这两种不同的团体所要表达的夙愿是一致的，其不同之处就是他们的服饰不

2010年北京草莓音乐节上的 Swinging London & the psychedelics 风格的年轻人

英国连续剧集《复仇者》(*The Avengers*)的海报

同。"Psychedelics" 喜欢艳丽的色彩和波普式样的图案，而"嬉皮"则喜好民族性的原始的自然的装饰和服装。由此可以看出"Psychedelics" 喜欢一些使用现代科技的产物，比如：通过光学作用产生的迷幻图案等等，而"嬉皮士"们则对于科技和人造的产物报以排斥的态度，这也是他们不同之处的反映。然而，在20世纪60年代后期"Psychedelics" 已经完全转化成了"嬉

一部极富 Swinging London 风格的电影 *Barbarella* 的海报

Swinging London & the psychedelics 风格的女装造型

皮”。

1966 年电影大师安东尼奥尼拍摄的电影《放大》，将身处现代都市——伦敦的年轻人颓废的生活作为背景，探讨了一系列的哲学和社会心理学问题。电影讲述了摄影师托马斯是个玩世不恭的年轻人，某一天他在一个公园里偷拍了一对似乎是热恋中的男女的一系列照片。这个名叫简的女人发现后近乎疯狂，甚至不惜献身也要将这些照片的底片取回，似乎这些底片将泄漏什么秘密。托马斯怀疑之下放大了照片，在极其细微之处，他相信自己发现了一次谋杀，而简即是这次神秘谋杀的关键人物。影片的背景放在20世纪60年代的伦敦，影片中始终出现着到处游荡的嬉皮学生，疯狂激烈的摇滚乐，为了出名而不惜代价的模特儿，沉迷于毒品的出版商。作为时代特征的摇滚乐演出在安东尼奥尼的眼中成为了面无表情的观众和穿着“Psychedelics”（迷幻风格）服装的正在砸着吉他的乐手，在演出现场被哄抢的破吉他在街角一转眼却成了无人理睬的垃圾，安东尼奥尼冷眼旁观了被狂热所蒙蔽的年轻人的时尚游戏。

同样在20世纪60年代风靡一时的英国连续剧集《复仇者》（*The Avengers*）中，算是科幻、间谍、侦破片的经典代表作之一。其中男主角约翰（John Steed）也是近乎完美的英国绅士形象，再加上那个时代的“Psychedelics”（迷幻风格）的服装，英国式的幽默语言，曾风靡一时。在电视剧中男女主角的服饰，几乎就是卡纳比街（Carnaby Street）和国王路年轻人时髦服饰的写照。另外，在名为*Barbarella*的电影海报中也能找到“Swinging London”和“Psychedelics”风格的影子。

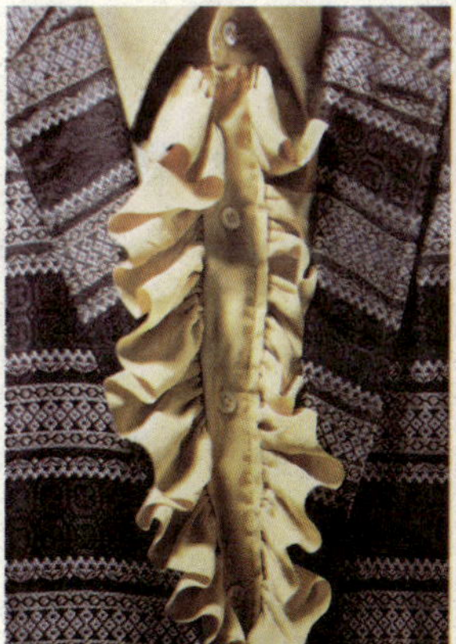

左图：1979年Swinging London & the psychedelics风格男装的细节部分
右图：Swinging London & the psychedelics风格的西装

嬉皮士的聚游会上的年轻人

嬉皮士风尚

Hippies

克拉伦斯•梅杰(Clarence Major)在他的著作《从朱巴舞到摇摆乐:非洲美国俚语字典》中追溯了嬉皮的起源。嬉皮源自塞内加尔乌洛夫(Wolof)语,类似 hepi,就是“看”的意思,或者 hipi,意为“张开眼睛”。18 世纪初,在美国开始有了嬉皮的说法。从语言发展上来看,嬉皮这个词汇来自西非国家塞内加尔和冈比亚海岸,带有类似启蒙的意味。

20 世纪 60 年代是美国自“二战”以来最为深刻严肃的历史时期,源于物质生活的极大丰富和传统信仰的缺失。那时,年轻人的迷惘和其与日俱增的社会责任感产生了激烈的碰撞,在摇滚乐的催化下,年轻人开始融合在这个矛盾中,并最终形成了那个时代最具代表性的文化现象——一种完全自发而纯粹精神性的运动：嬉皮运动。20世纪60年代，嬉皮文化被看作是一个对常人社会有破坏性威胁的非主流文化。今天，对待它们的态度就友善多了，而且还夹杂着一些怀旧色彩。

1971年嬉皮士族人们在皮卡迪利广场（Piccadilly Circus）的爱神像下的照片

与其他亚文化群一样，嬉皮文化也形成了一套自己的时尚与语言风格。一看到他们的发型、服饰，一听到他们的话语，就马上可以知道他们的身份。由20世纪60年代的这些亚文化群发展而来的俚语当中，有许多被更为广泛的社会团体所借鉴，现在就有很多年轻人在使用这些词汇。而大多数人没有意识到，他们使用的这些表达方式来自于30多年前的嬉皮“文化”。

嬉皮士们喜欢开着房车群居在远离城市的乡村

反对越战的美国青年开创了嬉皮文化的先河。他们把自己称为“有良知的反对者”，并且拒绝参军入伍。他们反对使用暴力，相信和平的思想与表达方式所产生的积极能量，即“花的力量”，可以解决世界上的问题。他们挑战社会的既有规范和传统道德观的“禁区”，这些规范和禁区被他们称为“体制”。他们决定引导另一种生活方式，并“沉沦”下去。“嬉皮运动”实际是美国20世纪50年代“垮掉的一代”的一个变种延续，是一场自发的“群众运动”。嬉皮们主张仁爱、反对暴力、提倡和平主义

1969 年参加在伦敦海德公园举办的滚石乐队音乐会的嬉皮士们，他们都穿着带有民族元素的服饰

和利他主义；由于没人能控制其发展规模和方向，所以“嬉皮运动”以美国旧金山的松树岭地区为中心，势力席卷欧美，对欧美的文化形态及生活方式都产生了深远的影响。嬉皮们从西方的唯物主义和资本主义中醒悟出来，随后开始探索东方的宗教和哲学。

在 20 世纪 60 年代，一个男人要是留着长发，就意味着他受到了“启蒙”，要转向自由思考的方式，并表明他发现了传统规定是个“拖累”。嬉皮还会穿图案抽象的彩色服饰，这种衣服被称为“扎染”。浓重的色彩很流行，因为它们反映了嬉皮所追求的“迷幻”体验。从这一点就可以看出嬉皮是从“Psychedelics”（迷幻风格）演化来的。他们最常见的饰物类型就是象征着爱的珠子。这些珠子被称为“爱之珠”。

20 世纪 60 年代的精神是叛逆的，60 年代的文化是叛逆的，

60 年代的生活也是叛逆的。在 60 年代的西方，这些人被称为“嬉皮士”的年轻人蔑视传统，废弃道德，有意识地远离主流社会，以一种不能见容于主流社会的独特的生活方式，来表达他们对现实社会的叛逆，由嬉皮士参加的，以文化的反叛和生活的反叛为主要内容的反叛运动被称作“嬉皮士运动”。

嬉皮士运动是在反叛的自我意识的推动下开始了通向未知天地的旅程的。它最早可以追溯到 20 世纪 50 年代中期，在美国纽约等地以奇装异服和怪异行为反抗传统的比尼基分子。这些人鼓吹远离社会，提倡“新生活”、“新文学”和“新艺术”，他们吸大麻，听爵士乐，反对传统的两性观念，并创造了“Hip”这个词，开嬉皮士文化之先河。

嬉皮士们在广场上忘我地尽情跳舞

20 世纪 60 年代在学生反叛的历史氛围之下，嬉皮士运动形成规模，嬉皮士文化蔚成风气。当时，许多年轻人以着奇装异服、留长发、蓄长须、穿超短裙、吸毒品、听爵士乐、跳摇摆舞、同性恋、群居村等极端行为反抗社会和抗拒传统。1967 年，美国马萨诸塞州一个名叫麦克·梅特利的 16 岁的中学生离家出走，周游全国，

各种式样的嬉皮造型

希望寻找友谊和手足之情。1968 年，他回到了家乡莱顿城，与 7 名辍学的大中学生一起，建立起最初的群居村“莱顿公社”。他们生活简单，男女分居，从木屋旁的小溪里汲水，用木材烧饭，主要食品是马铃薯、玉米和大豆。在“回到史前”和“寻找友谊”等口号的引导下，群居活动在美国兴起。最初，群居村主要建在旧金山的松树岭地区、洛杉矶的日落带和纽约的东村，后来遍及全国。1970 年，全美国有 200 多个群居村，成员 4 万人，1971 年发展到近 3000 个群居村。群居村里崇尚返璞归真的生活，实行财产、子女乃至性爱的公有制，注重教育和环境保护。群居村的成员们要

创造一种另类的生活，他们认为“我们生活在美国，但我们不属于美国”。群居村活动一直持续到20世纪70年代末80年代初。这种群居村文化崇尚返璞归真是嬉皮文化的基础。嬉皮士运动迅速蔓延到欧洲，在欧洲出现许多嬉皮士的群居村。在当时的联邦德国，这样的群居村大约有11万个。在丹麦首都哥本哈根的市郊，有一个北欧最大的“自由村”，其成员都是青年男女，他们抛弃一切现代文明的束缚，自由地、“原始”地生活。

对于嬉皮运动来说，美国著名小说家肯·凯西是一个不可忽视的重量级人物。肯·凯西的一生颇具传奇性。1935年9月出生于科罗拉多州一个奶牛场主家庭，1934年迁移到俄勒冈州祖父家。肯·凯西自幼体格强壮，喜好运动，尤擅长摔跤，为此获奖学金进入俄勒冈大学学习新闻学。1964年由肯·凯西起的“迷幻实试验”巴士之旅，引发了美国20世纪60年代至70年代的嬉皮士

嬉皮士们群居的生活，远离大城市寻找原始自然的生活方式

浪潮。肯·凯西是美国畅销书《飞越疯人院》(*One Flew Over the Cookoo´s Nest*)的作者。《时代》周刊称此书“是向体面阶级社会的陈规以及支持这些陈规的看不见的统治者发出的愤怒抗议”；《纽约客》则说此书“预示了大学骚乱、反越战、吸毒以及反文化运动。”显然，此书的主旨同《麦田守望者》和《在路上》传

嬉皮士的聚游会上的年轻人，穿着非常随意的服装

达的 BG（“Beat Generation”“垮掉一代”）理念一脉相承。甚至不少评论家把肯·凯西也归入 BG。他同 BG 代表人物联系的确非常密切。他是 20 世纪50 年末“垮掉一代”的代表人物，同时支持嬉皮运动，后来成为了 20 世纪60 年代嬉皮运动的鼻祖。

嬉皮士们还热衷于用极端的方式来发泄自己。他们从吸毒中寻找幻境，寻求刺激。20 世纪 60 年代吸毒在年轻人中甚至成为一种时尚，尤其是像 LSD 这样的致幻兴奋毒品。据美国《新闻周报》报道，1969 年，美国 57 所大学中有 31.5%的学生沾染过毒品，有人称这种现象为“毒品文化”。有的嬉皮士还醉心于男女性爱和同性恋之中，以追求快感，摆脱苦恼，蔑视和反抗传统的性爱观。

1964 年肯·凯西在美国掀起了迷幻药运动。他在斯坦福大学参与了早期的 LSD（迷幻剂的一种，麦角酸二乙基酰胺）实验，试图区分迷幻药和毒品。后来逐渐对 LSD 着了迷，开始自己尝试服用 LSD，甚至将其赠给其他年轻人食用。1960 年凯西在加利福尼亚的寓所，纠集了一些自称“欢乐的恶作剧者”的朋友们开派对。并于 1963 年在离旧金山不远的拉宏达乡村建立了一个群居村，可以说是早期极具嬉皮倾向的群居村代表。“欢乐的恶作剧者”喜欢穿着俗艳的服装，涂着白日荧光漆的油彩。同样在 1964 年凯西用《飞越疯人院》的版税组织了一次穿越全美的巴士之旅，这也成为了嬉皮运动开始的象征。有尼尔·卡萨迪驾驶着一辆由 1939 年的老爷巴士车改装而成的名为“远行”（Further）号的校车，从加利福尼亚出发，横越美国大陆，最后到达纽约世贸大厦，然后又返回。车身上涂满了绚丽的迷幻色彩，这些“欢乐的恶作剧者”们肆

墨西哥人的毛衣、扎染的发带也是嬉皮士们的最爱

无忌惮地吸食迷幻药物，穿着奇装异服，露宿街头，过着群居生活，同时借助迷幻药物作用表演摇滚乐，并借摇滚乐再现了吸食迷幻药后的感觉和梦幻。60年代末在旧金山兴起的嬉皮士运动的理念和生活方式，如公开吸毒、奇装异服、男女群居、街头爵士、迷幻摇滚即兴演出，用和平方式反抗现存法律和传统习俗等其实可以追溯到此。同时，芝加哥爆发了长发异装的嬉皮士反越战骚乱。1968年，倡导“新新闻写作”（New Journalism）的汤姆·伍尔夫（Tom Wolfe）在其著名的纪实性非小说作品《令人振奋的兴奋剂实验》（*The Electric Kool Aid Acid Test*）中详尽报道了这事，由此肯·凯西声名大振，同金斯伯格、摇滚音乐歌手鲍勃·迪伦（Bob Dylan）一样一时成为被青年崇敬的偶像。很多的中国读者也是因为看过其同名小说改编的影片《飞越疯人院》才知道肯·凯西的。肯·凯西的《飞越疯人院》同塞林格的《麦田守望者》和凯鲁亚克的《在路上》一样已成为BG和嬉皮士反文化运动的经典著作。美国及西方各大媒体对肯·凯西的反应热烈，称他是嬉皮士时代的催生者和见证人。他的历史意义在于：把20世纪50年代发端的波西米亚“垮掉一代”运动同60年代的反文化—嬉皮士运动联系了起来。

D&G在1993年春夏时装发布会上一款嬉皮式样的女装

嬉皮士的奇装异服通常是：把好端端的衣服剪破、长裤剪成短裤、长袖剪成短袖、红红绿绿地披挂一身。他们还喜爱自然朴素的破旧牛仔裤、光着脚或穿人字夹脚凉鞋、把牛仔服袖口、口袋、裤脚口拆成纤维状、在胸前背后装饰流苏饰边、服装面料喜欢用扎染、蜡染和手绘花朵图案以及手工绣花来装饰。除牛仔裤之外，带有神秘主义色彩的东方服饰也成为嬉皮士的最爱。20 世纪 60 年代，旧金山成为嬉皮士大本营，生活于旧金山的嬉皮士引领了这个西方社会嬉皮士的服饰潮流。在旧金山，嬉皮士是带一点东方哲学、不抵抗主义、诗歌、摇滚乐和迷幻剂的混合，对东方哲学的热衷，对印度“圣雄”甘地的不抵抗运动主义的崇拜和对摇滚乐、迷幻剂的迷恋，使东方的干酪包布、彩色念珠、土耳其长袍、喇叭长裤成为了嬉皮士的服饰标志。因此当时嬉皮最时髦的装束就是用五颜六色的土耳其长袍、阿富汗外套、寓意“爱与和平”的印花图案及和平象征物与喇叭形牛仔裤、色彩缤纷的念珠相搭配，再加上必不可少的飘逸长发。

1971 年卡纳比街上流行的蓝色补丁牛仔裤

实际上很多嬉皮士来自白人富裕家庭，他们抛弃富裕，来感受并赞美贫穷，体验简单而随意的生活。正因为这些富家子弟享受过主流的中产阶级的舒适生活，才有可能成为这种虽然舒适但扼杀人的创造力的生活的反叛者，也只有真正感受过主流文化的人，才有可能看到它的弊端，从而对它进行批判。1969 年，青年反主流文化的代表人物罗斯扎克发表了《反主流文化的形成》一书，该书明确指出，反主流文化是对现代技术社会的一种反思。反主流文化的参加者们不屑于像新左派和学生运动的参加者们那样，用参与性民主的方式来解决社会问题，他认为只要客观意识的观念还在控制着社会，技术对社会的控制、专家对社会的统治就不会结束。嬉皮士们认为，美国是一个被惯例和陈规所充斥的世界，它已经成为压制人的个性，迫害个人自由生活的陈规陋习的总和，只有逃离这个社会，摆脱与现实社会和现实文化模式的种种联系，才能使个人和美国社会免于走进死胡同。为了有效地反抗这技术高度发达、物质极端丰裕，但人的精神受到控制的社会，他们提出"回到史前"的口号，希望在史前时期寻找精神力量。他们特别欣赏"无为而治"，认为只有无为而治的简朴社会，简单生活，才能保证公民个人的尊严和自由。因此，他们从生活做起，掀起"生活的革命"，来反抗主流的、精英的、技术的、物质的社会。

虽然从表现形式上看，嬉皮士运动与积极参与政治生活的学生反抗运动相反，不是通过积极的社会宣传来参与社会改造和改良，而是以遁世的方式对社会做出的一种消极的反抗。但实际上，嬉皮士们自己认为，西方社会正处于新旧文化的交接点上，他们是时代的先锋，正在积极地创造一种新生活，开创一种亘古未有的新事业。嬉皮士们所笃信的箴言，"做自己的事"（do your own things），体现出他们对现实、对传统的视和反抗。嬉皮士们希望通过逃避主流社会，随心所欲地放荡和不受任何约束的自由自在的生活，找回在高度发达的现代理性社会中所丧失的人的原始情欲，恢复在人的个性中所包含着的文化创造的动力，抗拒现理性

1966 年的一款亚麻印花嬉皮风格的套装

社会对人性的扼杀，以求达到文化的超越、人的精神的解放和人的生存状态的更新。他们相信，随着嬉皮士运动的兴起，大众将出现新的觉醒，一个真正自由、平等、博爱的新世纪即将破晓。

应该进一步看到的是，虽然嬉皮士运动源于年轻人的反叛意识和反叛的冲动，源于对现存一切事物的怀疑和否定，但是嬉皮士运动和嬉皮士文化的精神核心，仍然是资本主义的两大基本价值观——自由主义和个人主义。“做你自己的事”不仅意味着对现实权、传统、道德、规则、文化的反叛，还意味着他们创造新生活和新化的过程，是从自我开始，从自我的感受出发的。反主流文化的另一代表作，雷的《美国的年轻化》这样认为，创造新的生活需要有新的意识，这种意识它既不同于美国农民、小企业主想向上爬的传统的世界观，也不同于罗斯福新政以来，相信个人承担更多的公共责任，政府采取更有计划的管理就能解决美国问题，而在这有组织的社会中个人失去了自我的观念。新意识来源于对现存一切事物的质疑，它从自我开始，强调个人对个人负责，从本质上说，它是现代版的个人主义。嬉皮士运动中不入流的生活体现的是个人本能的感受，奇装异服表现的是个性和民主，人生的目的也不再是沿着社会阶梯向上爬，人生仅是一系列目标的选择和人的自我实现的过程。这种意识的最本质的东西是人自我的重新发现，其最重要的作用创造一个全新的、适合人需要的社会。嬉皮士运动及其所创造的嬉皮士文化不仅在美国泛滥一时，而且西方各国都程度不同的受到了它的影响，在某种程度上嬉皮士文化成为20世纪六七十年代西方社会文化的一种象征。其很多内

D&G在1993年春夏时装发布会上一款嬉皮式样的服装细节

涵一直影响到今天。

从起源上来看，嬉皮讲述了美国白人与黑人的故事，交织着冲突与好奇的历史。美国历史上存在着种族冲突，嬉皮则提供了数世纪以来黑人与白人之间接触、互相效法，相互往来的解释之途。美国文化中心可以追寻到马克·吐温和路易斯·阿姆斯特朗，很难想象这个国家的艺术没有包含非洲或欧洲的根源。这两位大师出生于完全不同的历史土壤与环境之中，但他们却又彼此如此相似，两者都是古典主义者、演奏家和语言天才。他们的相同处就是嬉皮。

现今的社会中只有少数人在任何时间里会真正实现嬉皮生活；虽然我们享受了嬉皮的浪漫，大多数人的生活还是为工作、读书、家庭占据。嬉皮弥漫了日常的主流生活，在语言、音乐、文学、性、时尚、自我与商业中处处体现。

1992 年美国总统大选的时候，比尔·克林顿也装嬉皮了一把，戴着墨镜，在“The Arsenio Hall Show”脱口秀节目中演奏了“猫王”的成名曲《伤心旅店》(*Heartbreak Hotel*)。美国黑人女作家托妮·摩里森(Toni Morrison)和好莱坞影星克里斯·罗克(Chris Rock)则吹捧他是美国第一位“黑人”总统。十多年后，美国民主党总统候选人阿尔·沙普(Al Sharpton，非裔，著名民权活动家)则重新修饰了这句话，讽刺说区别在于是白色还是黑色。

一提起“嬉皮”运动，在不少人的印象中，它是一种颓废、堕落的反文化运动，尤其是对当时的毒品泛滥及性解放都起着推波助澜的作用。 这也许只是“嬉皮”运动的一个侧面。对于未经历过“二战”的新一代美国年轻人来说，他们不用劳动就轻而易举地实现了他们父辈辛苦一辈子所追求的“美国梦”。他们有着漂亮的住宅、汽车、立体声音响、电视和足够的零花钱。但是，丰富的物质生活却未能带来丰富的精神生活。因此，许多人在失望之余，去追求一种比目前生活方式更美好的东西，以充实精神世界。他们主张仁爱、反对暴力、提倡和平主义、利他主义。这种思想也是和当时人世的冷漠、战争的危机和尔虞我诈的社会现实相对的，因而是反主流的理想主义。由此可见，早期“嬉皮士”是一些很有素养和理想的青年，绝非人们想当然的那些肮脏邋遢、衣衫褴褛、吸毒成癖、逃避现实和性变态的流氓。他们留长发、穿奇装异服，是为了排斥当时美国光洁整齐的形象。这等于排斥美国社会及其观点、立场，这种做法等于说：“我不愿成为你和你所代表的观点的附庸。”这种消极的反叛现在看来毕竟有些幼稚。由于这是一场自发的“群众运动”，没人能控制其发展规模、方向，所以“嬉皮”运动以美国旧金山的松树岭地区为中心，以势不可挡的威力席卷全球。这种独特的文化现象不仅对摇滚乐，而且对整个世界的文化形态及生活方式都有着深远的影响。但“嬉皮”运动发展到后期，便背离初衷，向两派发展。一派是真正的理想主义，一派是纯粹的享乐主义。而后者的吸引力似乎更强烈一些。越来越多的嬉皮士把感官享受和声色口腹之乐当成了生活的目的。此时的“嬉皮主义”已变成了绝对的“自我中心主义”。这一点明显地可以在摇滚乐中找到例证：“甲壳虫”乐队作为理想主义者，专门演唱一些关于爱情、和平与冥想的歌曲，而“滚石”和“大门”乐队则到处肆无忌惮地赞美性爱、毒品、无政府主义和极端享乐主义。

“嬉皮”运动对摇滚乐的影响很大，反过来摇滚乐对“嬉皮”运动的影响也是巨大的。开始，嬉皮士们喜欢成群结队地坐在海滨和公园聊天、弹奏乐器、唱歌。这种集会叫“狂欢大集会”，而每位去那里的人都是促使这些集会成功的积极参加者。当集会的人群越来越多时，摇滚乐队便开始表演，但同时乐队的演奏又起了喧宾夺主的作用。因为音乐的声音完全压倒了一切，而这些嬉皮士们便从一个参与者变成了一个听众。整个集会的气氛便被摇滚乐所控制，其中最有名的便是“感恩而死乐队”（Grateful Dead），而最著名的音乐节则是“伍德斯托克音乐节”。

“伍德斯托克音乐节”代表了嬉皮运动的巅峰时期。1969 年 8 月 15 日至 17 日，在距离纽约市西北 70 公里的贝瑟尔镇的迈克斯·亚斯格牧场举行了一场史无前例的音乐盛会，这次盛会的名字就是“伍德斯托克音乐节”。这次盛会是由四个背景各异的小伙子发起的，音乐会的动因则是抗议越战，主题是“和平与博爱”。这是一次盛况空前的音乐节，来参加音乐节的年轻人将近四十五万人，是嬉皮运动史上规模最大的一次音乐节。这些嬉皮士们长发束带，穿着粗布蜡染衬衫、印染工装裤或喇叭裤，发疯般地随着震耳欲聋的音乐摇晃，他们一边吸食毒品一边跟随音乐疯狂跳舞。他们试图以一种极端的方式寻求人类之爱与和平，而反叛意味十足的摇滚乐、毒品与性，构成了伍德斯托克音乐节精神的要素，它们在整个 20 世纪 60 年代成为了年轻人的生活时尚。

D&G 在 1993 年春夏时装发布会上一款嬉皮式样的女装

终于，在加州阿尔塔蒙特的“滚石”演唱会上发生的一桩凶杀案给这种集会敲响了丧钟。当“滚石”演唱他们的经典作品《同情魔鬼》时，号称“地狱天使”的摩托党徒在舞台前痛打并刺死了一名听众。事件发生后，连那些最乐观的嬉皮士都感到整个运动变成了一场恐怖游戏了。从此，“嬉皮”运动进入了尾声。

1971 年英国的飞车党

长发飞车族风尚

Greasers

1965 年在加利福尼亚州，肯·凯西为了庆祝满载着“快活的恶作剧者”（Merry Pranksters）的涂满艳丽色彩的汽车之旅成功，举行一个大的派对，当时邀请了很多的年轻人参加，其中也包括了被称为“Hells Angels”（地狱天使）的一群年轻人。

这群所谓的“Hells Angels”（地狱天使）年轻人的打扮装束十分特别，他们的打扮带有一种怪诞、奇特的巴洛克风格。皮夹克上装饰的全部都是铁链锁、金属铆钉和满是令人毛骨悚然、恐怖图案的徽章，这一形象跟马龙·白兰度在电影“*The Wild One* (1953)”中的造型极为相似。整个的 1965 年几乎完全充斥着“Hells Angels”（地狱天使）风尚。

1966 年彼得·方达主演的电影《堕落天使》(The Wild Angels),就是实际所谓的“Hells Angels”(地狱天使党)的真实写照。随着这部电影在英国的上映,引起了一股新的亚文化潮流的开始。1969 年的电影《极速暴力》(The Cycle Savages)上映更加速了“Hells Angels”(地狱天使)风格在年轻群体中的流行。英国的摩兹(Mods)的形象,相对来讲是比较正面的,但受到这两部电影的影响,英国的年轻人们认为:“我们也一样可以跟美

1969 年伦敦的 Greasers 聚会的情景,他们穿着皮衣、戴着警察一样的帽子

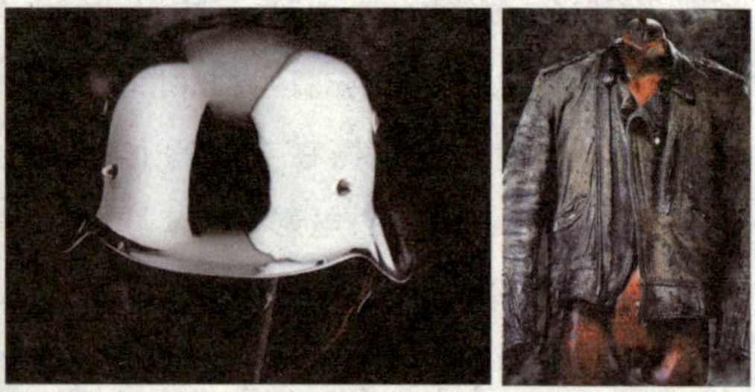

1967-1968 年 Greasers 们中间流行的钢盔和污迹斑驳的旧皮衣

ROCKER™

UK 1968

1968 年 Greasers 常戴的帽子和经典机车

国的飞车党一样，装扮得像恶魔一样，于是也开始纷纷效仿“Hells Angels”（地狱天使）的装扮。随着这一风格的流行，一个新的名词应运而生就是“Greasers”，也就是长发飞车族风尚。

“Greasers”长发飞车族风尚的装束沿袭了“Hells Angels”的特点。沾满油污的破破烂烂的牛仔裤是他们的最爱；他们留着脏兮兮的长发，带着“二战”时铁皮头盔或者带有金属装饰的大檐帽；上身则经常穿着一种无袖的皮夹克，皮夹克上还装饰了无数的锁链、铆钉以及各种各样图案的徽章和金属饰物。

其实“Greasers”一词像“Rockers”一样，最初是形容这些年轻人的贬义词，随后逐渐演变成为了一种时尚风格的代名词。

在 1968 年时，这些 Hard Mods 就被普遍的称为 Skinheads，也就是中文俗称的“光头党”

光头党、平头少年风尚

Skinheads

1965 年，Mods 分裂为两股势力，Smooth Mods（Peacock Mod）和 Hard Mods（Gang Mods）。Hard Mods 相比较而言头发更短，更接近工人阶级的身份。在 1968 年时，这些 Hard Mods 就被普遍的称为 Skinhead，也就是中文俗称的“光头党”。之所以称为 Skinhead，是因为他们的发型多是近似光头的平头，或者干脆就是平头。这样的发型让他们工作和打架时更方便。同时，也是对当时中产阶级间流行的嬉皮势头的反抗。他们继承了 Mods 干净优雅的特征，也受到很多摇滚音乐的影响。从喜欢的音乐和生活方式来说，他们受 Mods 族群和牙买加的 Rude Boys 族群影响很大，比如 SKA，雷鬼等。早期 Skinhead 的文化中也仅

1980 年 Skinheads 青年和伦敦街头女警的合影

左 1985 年英国白金汉郡海威科姆的 Skinheads 的照片
右 东京涩谷的 Skinheads 的照片

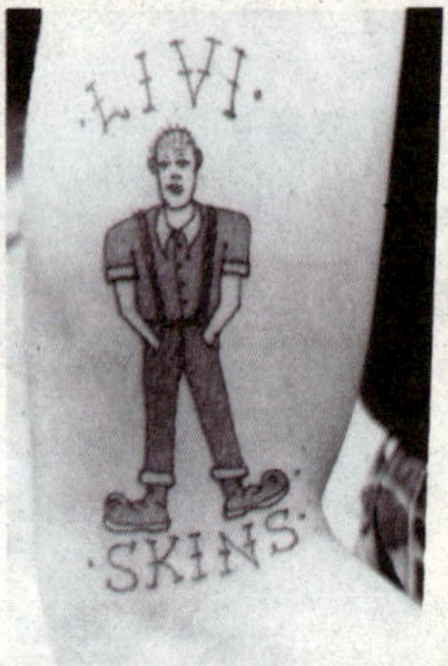

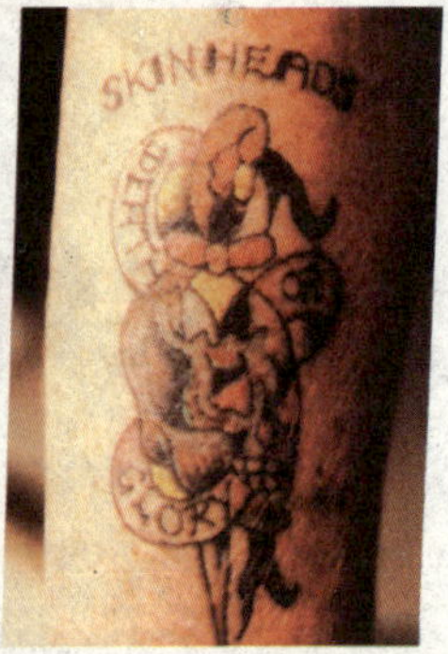

20 世纪 80 年代初，Skinheads 风格的两个纹身图案，其中”LIVI“是名为”Living Stone“街的简称

是由音乐和时尚两部分组成，并不涉及政治和种族歧视。但渐渐地，对于种族和政治的态度成了 Skinheads 们标榜自己的标志。他们的政治思想从极左到极右都有。1969 年，Skinheads 文化达到一个顶峰，很多摇滚乐队也接受了这种装束，并把它作为乐队推广的一种形式。此后，理查德·艾伦（Richard Allen）写的一本 *Skinhead And Skinhead Escapes* 更为这个群体赢得了世界范围内的关注。

在 20 世纪 60 年代后期，一些 Skinheads 参加了反对巴基斯坦人和南亚洲人的暴力活动。其实在早期，他们并不是种族歧视组织中的一员。但到了 70 年代早期，虽然在北英格兰和苏格兰有很多持有左翼思想和反对种族歧视观点的 Skinheads，还是有部分成员开始把自己当成是国际主义前线的一员。渐渐地，受种族歧视思想影响下的 Skinheads 发起的暴力活动越来越激进，尽管他们中很多人反对这种政治倾向在他们文化中放大加剧，还敌不过更多工人阶级的 Skinhead 强烈抗议这些由于非白种人移民所引起的经济和社会问题，并强烈要求降低在组织中亚洲人和黑人的地位。就在这时，媒体对这个群体过多夸张的报道让很多人误认为他们就是这样一个暴力政治组织，大众也在脑海中形成了 Skinhead 等同于种族歧视者的观念。但是 Skinhead 文化在源起时的本意并不在此。

到了 20 世纪 70 年代，Skinheads 开始衰退，并逐渐分化成其他新形式，比如 Suedeheads（没事喜欢用梳子整理发型），Smoothies（都留着齐肩发发型），Bootboys（留着 Mods 的发型，行动如 Casuals)。到 1977 年，Skinheads 文化又由于 Punk Rock 的兴起而重新回潮，这时的 Skinheads 表现为对 Punk 商业化的反对，形象上也接近于 1969 年的前辈们。到了 1979 年后，他们中的一部分人则加入了 Casuals，参加了一场场足球流氓恶斗。

1991 年一款 Skinheads 风格的女式装扮

传统 Skinheads 的也会选择西服套装，在杜克·马丁皮靴（Dr. Martens）与牛仔裤成为蓝领阶层的主要穿着以后，他们又改穿配有丝绸手帕、丝绸领带或领结的考究外套

Skinheads 喜欢穿着 T 恤、弗雷德·派瑞斯和本·歇曼的衬衣，李维斯（Levi′s）牌的牛仔、有背带的斯沃特休闲裤

Skinheads 在聚会的情景

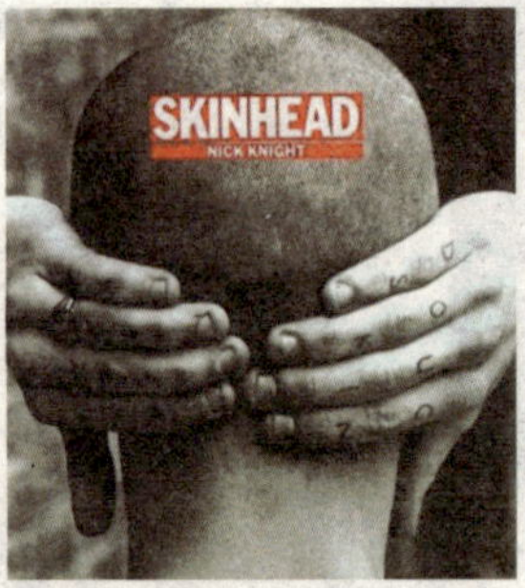

著名的 Skinheads 海报

20 世纪 70 年代的 Skinheads 比 60 年代的 Mods 有更多的纹身，造型上也更多元化。高帮皮靴、紧身牛仔裤、飞行员夹克和 T 恤，对于品牌的热衷也更系统化。男 Skinheads 的发型经常是近似于光头，胡子经过精心修剪。女 Skinheads 发型在早期接近 Mods，但后期更接近于朋克，有时甚至只是前面留一小撮。长袖、短袖的扣子全扣的衬衫或 Polo 衫、V 领套头毛衣、羊毛开衫、印有 Skinheads 文化相关的图片或标语

的T恤。他们还钟爱Alpha或Warrior的MA-1款飞行员外套，颜色通常是黑色或军绿。传统Skinheads的也会选择西服套装。女Skinheads还会选择短机车夹克来搭配短裙。裤子则基本上是Levi´s、Lee、Wrangeler的牛仔裤，通常会挽裤脚以突出脚上的靴子和袜子。裤子颜色通常是蓝色的，加少许水洗。女生则很多喜欢迷你裙。鞋子是Dr.Martens、Solovair牌的靴子，或Adidas足球鞋。

Skinheads（光头党）文化最初于1969年在英国浮现，最初的“Skinheads”演变于摩兹（Mods）和牙买加街头帮派，并且在诞生初期就横扫了嬉皮士文化。同时也带动了Scooter（踏板摩托车，即笨重的哈雷摩托车的主要对手）和斯卡音乐（SKA），Skinhead Reggae（SKIN雷鬼乐）在全世界的复兴。

Skinheads是一种融合了在英国白人劳工阶级、牙买加移民和西印度群岛上自称粗鲁小子（Rude boys）的黑人之间的杂文化。尽管因此产生的亚文化现象是一个不可否认的文化复数的实例，但在这一特定时期，白人与非白人的比率是不易搞清的。粗鲁小子(Rude boys)进入了斯卡（SKA）领域，这是一种融合了美国R&B音乐与加勒比海节奏的雷击音乐的先驱。当文化融合以后，时髦的Skinheads音乐逐渐发展为一种由R&B，灵魂乐与牙买加音乐的混合产物。贯穿于整个20世纪60年代中期的牙买加音乐是推动Skinheads文化进入更为广泛的流通领域的重要因素。在20世纪60年代后期，这种音乐进行了许多革新，从斯卡（SKA）演化为Rocksteady，最终形成了雷鬼音乐。

20世纪60年代中期开始，摩兹（Mods）文化开始受到了威胁，突然之间出现了很多的摩兹（Mods）的模仿者，街头充斥着类似摩兹（Mods）族的打扮。一些真正意义上的摩兹（Mods）族则开始了恢复真正摩兹（Mods）风尚的行动，这一行动最初也是从流行音乐开始的。粗鲁小子(Rude boys)将“酷”这个概念引入了街头时尚领域。但是从迷幻摇滚风尚到之后出现的嬉皮风尚，这些街头服饰风格中却都缺少了“酷”的特质。在当时英国的卡纳比街（Carnaby Street）随处都可以买到带有花边的衬衣和带有嬉皮风格装饰的长袍式外衣。引导了一股完全展现女权主义的柔和服装风格，而与之相反的粗鲁小子的很“酷”的服装，则被称之为了“硬”(Hard)派服饰。这种“硬派”的服装风格超越了人种和文化的界限，形成了“硬摩兹（Hard mods）”时代。这些硬摩兹于最初的摩兹族不同，他们大多来自劳动阶层，像迷幻风尚和嬉皮风尚一样最初的摩兹风尚中，中产阶级的年轻人则占了主导地位。因此，这些来自劳动阶层的“硬摩兹”，完全不接受原来摩兹族的形象，随后就逐渐发展成为了平头少年（Skinheads）风格。这些年轻人拒绝流行时髦的音乐，追求不加装饰的牙买加传统斯卡音乐（SKA）、布鲁斯、摇摆乐的新式节奏。在这一过程中，这些年轻人逐渐形成了一种新的劳动阶级时髦形象：他们戴着太阳镜、穿着整洁干净的双件套西装还有白色的袜子、没有一点污渍的黑色靴子、黑色长款外套，最重要的特点就是他们都剃着光头。

Skinheads 的牛仔夹克外套

随后 Skinheads（光头党和平头少年）的装束有了新的发展。他们的头发通常只留半寸长，不完全剔光。这一发型具有实际的好处，它无需使用洗发香波也不必使用梳子，而且在斗殴中也不会被别人揪扯。Skinheads 喜欢穿着 T

左图:Skinheads 还钟爱 Alpha 或 Warrior 的 MA-1 款飞行员外套，颜色通常是黑色或军绿　中图:1971 年 Skinheads 的牛仔装扮　右图:20 世纪 70 年代 Skinheads 的卡其布夹克外套

恤、弗雷德·派瑞斯和本·歇曼的衬衣，李维斯（Levi´s）牌的牛仔裤、有背带的斯沃特休闲裤以及在工作或“争执”中不易被扯破的黑色毛料夹克。在杜克·马丁皮靴（Dr.Martens）与牛仔裤成为蓝领阶层的主要穿着以后，他们又改穿配有丝绸手帕、丝绸领带或领结的考究外套。在公共舞厅，他们常与西印度群岛的粗鲁小子(Rude boys)混在一起。Skinheads 简朴的风格并不意味着他们总是温文尔雅，他们都以反社会的行为著称，比如与嬉皮士斗殴或在足球场闹事等等。Skinheads 族与嬉皮士之间的不和是根深蒂固的，“肮脏的长发” 嬉皮士的打扮趋向于白人中产阶级社会，Skinheads 则以他们自己的劳工阶级身份、综合的血统与威严的风格而自豪。然而，他们没有吸收嬉皮士牢固的“非暴力”理想。 Skinheads 曾这样说：“他们不喜欢长发的风格，短发显示了他们为自己的外貌而自豪，嬉皮士不这样”。

从 20 世纪 60 年代起，粗鲁小子(Rude boys)与工人阶级中诞生出的 Skinheads 一直到了今天，街头服饰还受到他们的装扮风格的影响。这些“工人阶级服装”的风格都是特别重要而且有着重大的意义。经过了多年的服装的改良，用料与设计的细节上都会有一些变化，但是 Skinheads 仍然戴着背带，登着马丁靴，得以 Skinheads 精神一直保留至今。

Skinheads 经常用英国国旗图案作为标志

在 20 世纪 80 年代中期，Skinheads 文化在美国作为朋克的一部分又出现在纽约。此时大西洋两岸，即美洲与欧洲的 Skinheads（光头党）文化势力已经羽翼丰满，但 Skinheads 的确是白人至上主义的急先锋，他们通过 Football hooligans（足球流氓）扩大势力，英国足球流氓当中相当一部分是 Skinheads 的成员。然而在 20 世纪 80 年代末 90 年代初期，一部分 Skinheads 背道而驰，他们称自己为 SHARP（Skinheads Against Racial Prejudice)，即反种族歧视的 Skinheads，同时从工人阶级中涌现出了 RASH (Red and Anarchist Skinheads)即反政府的社会主义 Skinheads，后来更多的人称之为 Red Skinheads。SHARP 和 RASH 的出现直接导致了 Skinheads 的内部分化。20 世纪 90 年代见证了“Skinheads”文化的没落。成员形形色色，包括中产阶级家庭的青少年与来自上流社会的对未来丧失信心的孩子们，接下来则是 Gay Skinheads。Gay Skinhead（同性恋 Skinhead)，最初诞生于伦敦东区，男同性恋们试图凭借 Skinheads 的形式体现他们的力量和权利并且迅速扩大到全球。

Funk 典型造型：皮尔瑞·瑞查里奥艺术式样的方格图案的喇叭口裤子、贝雷帽

疯克族风尚

Funk

所谓 Funk（疯克），其实是"Funky"（黑人爵士乐）的演变词，是黑人舞蹈的一种，最早是根据 Funky 音乐而创的，"疯克"是融合 Hip-hop 和 Jazz 元素的一种舞蹈。舞蹈动作里运动胯部和颈项的动作很多。与爵士舞比起来，动作要求不那么严格和优雅。疯克舞蹈动感强，消耗热量大，动作灵活多变，有黑人舞蹈中身体各部位快速扭动的传统，而且热烈、奔放。由于疯克音乐和疯克式舞蹈的流行，疯克式的装束也就应运而生了！

由于疯克式的舞蹈和音乐主要是受到黑人音乐影响，所以与之一起流行的疯克式的装束最初也是从黑人服饰发展来的。这种风格的服饰风格最初出现在 20 世纪 70 年代初的美国黑人贫民

Funk 造型

Funk 造型的亚洲男孩

区的街头。由于最初只是一些黑人贫民的穿着，所以他们很希望通过服装使其自身显得很富有。他们经常穿着相当引人注目的图案花哨的喇叭裤，这种裤子是一种紧包住大腿和臀部，在膝盖以下逐渐变为喇叭口的裤型。他们的服装还经常选择翻毛皮革、蛇皮等一些高级的服装材料，以此来掩饰自己卑微的身份。他们的这些装束很像黑人贫民区拉皮条人的装束，因此也被称为“Pimp look”（皮条客造型）。

美国作家汤姆·沃尔夫（Tom Wolfe）在他的名为 *Funky Chic* 的文章中，对“Pimp look”有很多的描写。“一些青年男女在康涅狄格州（Counnecticut）纽黑文市（New Haven）的‘Monterey’俱乐部的门口拥抱亲吻。他们穿着5厘米高鞋跟的双色漆皮尖头鞋、皮尔瑞·瑞查里奥艺术式样的方格图案的喇叭口裤子、带着镶满了铆钉的腰带、上身穿着补着各种图案的中皮夹克、戴着像皇冠一样的大檐帽。总之，无论男女都想尽办法，用最怪的方法打扮自己，吸引人们的注目。”

1979 年最著名的 Funk 造型

1993 年的 Funk 造型的乐手

与沃尔夫不同，20 世纪 70 年代初白人的媒体只是关注着主要以白人中产阶级构成的嬉皮文化，而并没注意到这种强烈的黑人街头文化。直到 1971 年的电影 *Shaft* 和 1972 年的电影 *Superfly* 上映，这种 Funk 风格的黑人文化才得以扩大。

1987 年的 Glam 们身着非常华丽的服装

华丽摇滚风尚

Glam

所谓 Glam（华丽摇滚）是硬摇滚的一个分支，它产生并活跃于 20 世纪 70 年代的英国。特点是性别模糊的装扮，华丽戏剧化的台风和颓废慵懒的音乐风格。Glam 一词来自 Glamour，原意是指魔法与魅力。最著名的代表人物就是被称之为 “乐坛的变色龙” 的大卫·鲍维尔（David Bowie）。

20 世纪 60 年代末，世界正处于文化与政治的巨大动荡中，宣扬 “爱与和平” 的嬉皮士们通宵的反战聚会已在不知不觉间转变为了通宵的大麻聚会。整个西方社会从哲学、文学到音乐领域形成了一股强劲的反主流文化浪潮。摒弃理智、感召激情，当年轻人把无所顾忌的情绪发展到极端，嬉皮文化便开始走向衰落。就在朋克诞生之前，另一种反主流的文化形式在嬉皮的“The summer of love”余烬中浮现出来。相对音乐来说，Glam（华丽摇滚）更注重喜剧效果和艺人自身的舞台魅力。

华丽摇滚真正对时尚界产生影响，还是始于 1973 年大卫·鲍维尔的大红大紫，他以修身长裤，燕尾服式的外套、袖口的荷叶边，赢得了当年最佳着装男士。提起 Glam（华丽摇滚）总会先想到大卫·鲍维尔。鲍维尔的中性装扮和歌词中浓郁的奇幻氛围在青少年中迅速流行。他更具代表性的特点就是他化妆和夸张的造型。鲍维尔的化妆手法和演唱风格一样都非常华丽和大胆。他曾是默剧大师琳赛·凯普（Lindsay Kemp）的学生，成为演员和歌手是鲍维尔毕生的志愿。在他的专辑《出卖世界的男人》里，专辑封面的照片他穿了一条紫花长裙。大卫·鲍维尔所创造的视觉冲击力可能比他的音乐影响力更令人铭记。1998 年由伊万·麦克格雷格（Ewan McGregor）主演的电影 *Velvet Goldmine*（《天鹅绒金矿》）便是取材自大卫·鲍维尔，甚至电影的名字也是出自大卫·鲍维尔专辑中的曲目。影片以绚烂的表现主义手法以及贯穿全剧的妖艳摇滚装束，再现了那个辉煌灿烂却又颓废偏激的 Glam 时

1973 年观看大卫·鲍维尔演唱会的歌迷们，也都身着 Glam 造型的服装

1990 年范思哲（Versace）Glam 风格的高级时装设计

1973 年大卫·鲍维尔（David Bowie）*Sorrow* 专辑的封面，鲍维尔身着华丽的服装和厚底鞋

代。该片荣获第 71 届奥斯卡最佳服装设计奖。

就像电影中的摇滚歌手们一样，Glam 风格的年轻人们打扮得香艳妩媚，都穿着装饰有闪石、亮片的丝绸华丽服饰。丝绸的衬衣布满闪亮的装饰，或者是意大利的紧身丝绸裤和黑色领巾以及黑色皮大衣。为配合这种服装他们会穿上厚底的平底鞋，最厚的鞋底可达 6CM 鞋跟则高达 15CM。他们所穿着的服装面料多样，色彩丰富鲜艳，还经常采用蛇皮来制作，以达到炫目的效果。为了创造惊奇的视觉效果，甚至搭配妖艳露骨的豹纹外套、披着羽毛披肩。他们仿造洛可可时代的男人化女人的红唇与眼影，有意混淆性别，街上到处是穿着奇装异服男女不分的时髦青年。

而这种昙花一现的盛景只不过维持了十年左右的时间就被更温和、更平民化的 New Romantic（新浪漫）风格所取代。但 Glam 风格对于时装界的影响却绝非 10 年就可以轻易勾销。其实，维斯特伍德（Vivienne Westwood）所擅长的 Punk 风格不过是将更早期的华丽摇滚风格发挥到了极端的黑暗叛逆。20 世纪90 年代和 21 世纪初，亚历山大·麦克奎恩（Alexander Mc-Queen）在秀场上以暴力式的荷叶边点缀凄美恐怖的冰雪风暴，颠覆了传统对于花边蕾丝“柔弱与女性化”的定义，呼应了摇滚乐手们对荷叶边雌雄不分的喜爱；时装设计大师范思哲（Gianni Versace）假面舞会风味的艳丽更是引起 Glam Rock 风的再度盛行。

1990 年范思哲（Versace）
Glam 风格的高级时装设计

1976 年 Big Youth 的 *Natty Cultural Dread* 专辑封面，
封面使用了典型的 Rastafarians 造型

拉斯塔法里风尚

Rastafarians

Rasta 是 Rastafarians 的缩写，也就是拉斯塔法里教。Rastafarians 教认为非洲是宗教、历史、文化、科学和技术的起源。1914 年一位受过良好教育的牙买加人马库斯（Marcus）发起了一场回归非洲的运动，号召所有的黑人应该回到他们失落已久的家园，并预言一位非洲皇帝将被加冕。很快马库斯（Marcus）赢得了近百万的追随者，就有了后来的 Rastafarians 运动的基础。黑人的雷鬼（Reggae）音乐对生命的意识和 Rastafarians 的信仰有着密切的关系。20 世纪 70 年代中期以前，雷鬼乐人鲍勃·马利（Bob Marley），就是其代表性的人物。

Rastafarians（拉斯塔法里教）有着自己独特的生活方式。拉斯塔法里不光抵制殖民神学，他们还以返璞归真的生活去抵制光怪陆离的现代社会的物质诱惑。他们食用没有污染的 I-tal 食物，不使用盐、作料和防腐剂。许多人选择素食，而食肉的则以猪肉为禁忌，还包括蟹类虾类和一些鱼类，甚至酒、奶、咖啡等。但认为吸食大麻（Ganja）可以得到智慧，能更好地领悟上帝之道，所以在聚会和仪式上常常使用。

1987 年牙买加艺人身着象征着非洲精神的服装的照片

他们留着一种被称为“Dreadlocks”的原始发型，这种发型是不经梳剪并结成自然辫状的长发，源自《圣经》中的从长发得到力量的大力士，同时也象征他们崇拜物狮子的鬃毛。这也是 Rastafarians 最具代表性的装束特点。 “Dreadlocks”国内称其为 “脏辫儿”。最早的 Dreadlock 形式发型的雏形出现在炎热的非洲，为了不让跳蚤，虱子等虫子在人的头上肆意横行。一些聪明的黑人便把自己的头发紧紧的缠在一起，这样不仅防止了虫子在头上的肆意生长而且在夏天的时候还要比一头乱蓬蓬的卷发要凉快不少，又因为这样的发型要比满头的麻花辫省事省力得多所以渐渐地被多数黑人所喜爱。后来到了大航海时代，船只上的水手(当然也包括海盗)总要在海上度过漫长的时间，少则几个月多则一两年不归。远离了陆地也就意味着远离了淡水。当时那种情况下淡水和橙子几乎和水手们的生命一样重

被誉为“雷鬼音乐之神”的巴布·马里的演唱会，图片中能看到 Rastafarians 造型中最具代表性的发型

20 世纪 80 年代末，英国伦敦诺丁山的 Rastafarians 造型的年轻人。他们的服装、完全使用了象征着拉斯塔法里精神的埃塞俄比亚国旗色—红、黄、绿。当然 Dreadlocks 发型也必不可少，为了配合这种发型还非常流行使用一种叫" Tams "的毛织圆帽。

要，所以谁也不会奢侈到用淡水去洗头。众所周知海水碱性非常的大但我们人类的皮肤和毛发属于弱酸性，长时间用海水洗头不仅会让头发失去光泽更严重的是会使头皮受到很大的伤害，轻则头皮奇痒难忍且更容易生虫，重则毛囊坏死头发永久不再生长。为了解决这个问题水手们同样把头发紧紧的缠在了一起使虫子大大减少了生存的空间。经过长时间的修改和技术的革新 Dreadlocks 不仅成为了一种非常适合水手生活的发型而且更被好多水手看作是一种个性的象征，也就是因为这样 Dreadlocks 从海上慢慢地来到了陆地，并且成为了一种文化。Dreadlocks 也是牙买加的拉斯特法里教派文化当中的发型，Rastafarians 教徒必须留 Dreadlocks 并且要留胡子。同样也是雷鬼、嘻哈(Hip-hop)文化的代表发型，上个世纪六七十年代随着雷鬼音乐的流行程度提高，又出现了一批像鲍勃·马利 (Bob Marley) 这样的艺术家更是掀起了一股 Dreadlocks 的热潮。从上个世纪开始 Dreadlocks 便和摇滚乐结下了不解之缘，我们中国认识 Dreadlocks 基本也是通过大量的摇滚乐队、嘻哈艺人，Korn P.O.D.等等。我

设计师 Rifat Ozbek 在 1991 年春夏时装发布会，根据 Rastafarians 设计的女装

1990 年迷彩服与 Rastafarians 风格的混搭

Dreadlocks 发型的假发和 Rastafarians 造型圆帽

1980 年 Rastafarians 造型服装

国 Rasta 文化起步较晚，但近年来也被越来越多想宣扬自己个性的朋友所青睐。

虽然各个新金属乐队有着风格不同的装束，但总体上还是有一些共同特征的。发型方面，脏辫是相当流行的，几乎每个新金属乐队里都有成员留着或留过这种发型——从 Korn 到 Slipknot，从 Sevendust 到 Ill Nino……以致后来的许多 NWOAHM 乐队中也普遍流行这种发型，比如 Shadows Fall。而另外一个重要的标志就是有着拉斯塔法里教精神的埃塞俄比亚国旗，国旗的颜色是由红色、黄色、绿色组成。红色象征黑人的血液，黄色象征被窃取的金子，而绿色象征非洲失去的土地。而这三种颜色也成为了拉斯塔法里的标志性色彩。

20 世纪 70 年代 Rastafarians 造型

20 世纪 70 年代初开始，这种 Rastafarians（拉斯塔法里）风

Dreadlocks 发型俗称“脏辫”

2010 年北京草莓音乐节上
“脏辫”造型的年轻人

2010 年北京草莓音乐节上
“脏辫”造型的年轻人

格的服饰文化开始在年轻人中流行。这种风格的服饰品完全体现着拉斯塔法里的信仰。腰带、帽子、围巾、T 恤完全使用了象征着拉斯塔法里精神的埃塞俄比亚国旗色——红、黄、绿。服装的素材也完全使用非工业加工的纯天然材料。当然 Dreadlocks 发型也必不可少，为了配合这种发型还非常流行使用一种叫“Tams”的毛织圆帽。

20 世纪 70 年代末美国的 Skaters 的造型

滑板青年风尚

Skaters

Skaters（滑板运动）发源于 20 世纪 60 年代初的美国。这种运动是由海上冲浪运动演化而来，是水上滑板向陆地的延伸。70 年代初，随着滑板运动在世界范围的流行，逐渐形成了一个鲜明的亚文化圈。滑板成为了当时年轻人生活中最重要的元素。无论去哪，都能看到以飞快的速度登着滑板穿梭在街道中的青年，所谓的“滑板一族”也就逐渐形成了。当时，很多的公共场所是禁止玩滑板的，他们经常被警察追赶甚至罚金，所以滑板一族的年轻人经常寻找一些废旧的混凝土的斜坡地带练习他们的滑板技术。在美国滑板运动的发烧友多达 450 万之众！随后便出现了一些专为滑板运动设置的场地，仅在美国加利福尼亚州就有三百余个公

20 世纪 90 年代初的 Skaters 的造型

1992 年在英国溜冰场外，两个 Skaters 年轻人

共或私营的滑板公园。现在，美国的极限公园（滑板、极限直排轮滑、特技单车）就已经超过了五千多家。随着滑板运动的开展，滑板技术直追其始祖冲浪运动。盖范特(Alan Gelfand)发明了带板跳（The ollie），使滑板界更注重高技术的表演，产生了诸多滑板明星。滑板明星的泥土感很重的衣着、怀旧球鞋一度成为世界潮流，而相关的音乐（New wave music、Punk、Hipop）也备受年轻人的喜爱。其语言、技巧、服饰和音乐构成了独具特色的滑板文化。由于滑板运动太过惊险、刺激，在上世纪 60 年代，滑板运动曾受到政府严令禁止，一度沦为“地下项目”。一直到 80 年代中期，滑板项目才被政府公开解禁、重见天日，使得这项都市魔幻运动卷土重来。而滑板的天皇巨星托尼（Tony Hawker）和安迪（Andy McDonald）在许多年轻人眼里无疑是和乔丹、桑普拉斯一样的超级偶像。

滑板运动不仅为滑板爱好者带来喜悦和快乐，同时也给年轻人带来了一股新的着装文化潮流。这种滑板风格的服装风格最初

1992 年 日本大阪的 Skaters 青年

20 世纪 80 年代末英国流行的 Skaters 的造型

20 世纪 80 年代 英国的班伯里市的 Skaters 青年

20 世纪 60 年代 Skaters 的造型

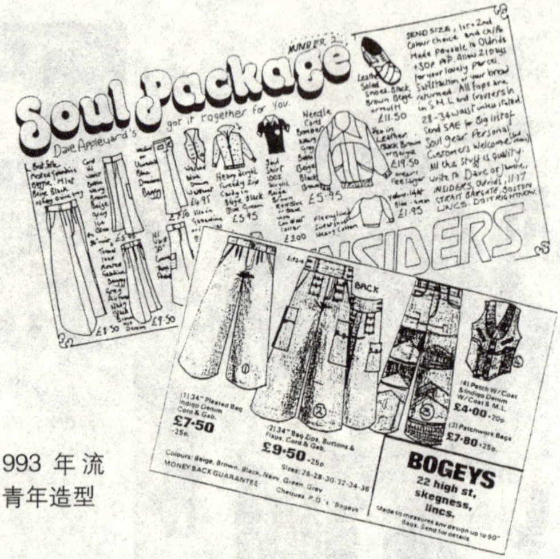

1992－1993 年流行的 Skaters 青年造型

1978 年早期 Skaters 的造型的广告

大概可以分为两种。其中一种喜爱玩滑板的年轻人，他们穿着鲜艳色彩肥大裤腿的短裤、带有显眼图案的 T 恤衫以及 “万斯”(Vans)品牌的轮滑鞋。(万斯品牌是 1966 年诞生在美国的著名滑板鞋品牌) 他们的服饰与穿四轮溜冰鞋年轻人的紧身合体的服饰极为不同。最初这类年轻人为了玩滑板时的方便，大多穿着 T 恤、带帽子绒衣以及较宽松的牛仔裤或劳动布裤子和戴着滑雪帽。后来这些服饰发生一些变化，裤腿变得越来越肥大。在进行滑板运动时，年轻人们经常脱去上衣，只穿着肥大的裤子。这种裤子往往比正常尺寸的裤子大上 2 至 3 个尺码，并且在穿着时总是将裤子系在腰胯以下的部分，甚至还特意露出内裤的边。另外一种滑板青年文化与 20 世纪 70 年代末期出现的朋克文化相融合，形成了所谓的 “Skater Punk ”(滑板朋克)。

20 世纪 80 年代中期，滑板文化逐渐发展演变成了美国滑板文化和英国滑板文化两个分支，直至现在我们身边仍有热爱这项运动身着宽大裤子的年轻人。

1980 年伦敦国王大道的女 Punk

朋克风尚

Punk

朋克（Punk）本身是抗拒时髦的一种体现。朋克音乐刺耳粗陋，服装是用廉价易得的布制成的，最初主要的成员是失业者、辍学和在校的学生。但这场起初只是一种叛逆方式的运动，20 世纪 70 年代却成了英国最有影响亚文化势力之一。

Punk，是兴起于 1970 年代的一种反摇滚的音乐力量。Punk 一词(俚语)被解释为小流氓、废物、娈童、低劣的等意思，而最初这个词是在英国出现的。战后的英国，经济萧条、失业率剧增，在音乐方面英国也是处于低迷状态。面临着经济危机、大量工人失业的青少年对现实社会产生了强烈不满甚至绝望的心情。他们愤怒地抨击社会的各个方面，而且通过一种狂放宣泄的行为表

"朋克之母" 维维安·韦斯特伍德（Vivienne Westwood）

1976 年两个 Punk 穿着用垃圾袋制作的衣服

描写性手枪乐队的传记片 *Sid and Nancy* 中的剧照

达了他们的思想。这种情绪和思潮在文化艺术中，尤其是在音乐中得到了体现，朋克音乐家们用简单的和弦，表达简单的情感，用粗俗明了的语言，诉说人性的美丑。他们歌颂大麻，也歌颂上帝；他们崇尚乱交，也呼喊着要社会关注那些单亲的孩子；他们诅咒战争，却在生活

1993 年日本东京涩谷的 Punk 青年

“性手枪”乐队（The Sex Pistols）的成员

在 20 世纪 80 年代 Punk 们还经常将自己喜欢的图形或带有特殊意义的标记画在或印在皮衣上

中滥用暴力；他们生活糜乱，但对未来充满向往，他们在颠覆旧有的靡费文化同时也创造着新的靡费。这就是朋克音乐中所反映的朋克精神。

20 世纪 70 年代中期，在经济不景气和特殊的社会政治背景下的英国社会下层青年人中间，产生了由失业者和辍学的学生组成的反传统主义的“工人阶级亚文化”群体，这就是所谓的朋克集团(Punk)。他们用自己特立独行的装束风格彰显自己，表明其与主流文化及其他的青年亚文化圈的不同。他们拒绝权威，提倡消除阶级，崇尚“性和颠覆”，其影响的不仅是传统意义上的音乐，更是一种对时尚和时髦的抗拒和反叛，由此产生了一种服装的流行风格——朋克风格(Punk Style)。

朋克风格根本的起源实际上来自 Skinheads 族。朋克文化从舞台走向生活，他们开始在表演以外的各个层面表现他们彻底革命的决心。他们穿上磨出窟窿、画满骷髅和美女的牛仔装；男人们梳起鸡冠头，女人则把头发通通剃光，露出青色的头皮；鼻子上穿洞挂环；身上涂满靛蓝的荧光粉，似乎非得让人对他们侧目而视才满意。其实他们什么也不为，只是要以此表现他们的与众不同，表现他们的叛逆，表现他们对这个现实社会的不满罢了。作家爱丽斯洛瑞认为朋克风格的渊源在于“服装的语言”：短发和令人吃惊的非自然色彩的头发色为其特征，他们的头发常常是非常暗淡的黄色，有时也有红色 、绿色、橙色或淡紫色。有雀斑的苍白面孔，乌黑的眼圈和厚厚的唇膏，衣着上以红黑白为最受欢迎的颜色。朋克们喜穿黑色的皮夹克与缝有金属纽扣和多余拉链的牛仔裤，T 恤上常印着粗俗的字眼儿、暴力或色情的图案，故意撕破或弄脏的带着特大号安全别针的衣服，暴露出来的暗淡不健康的皮肤通常还有擦伤与抓痕。他们的一个最爱饰物是狗或自行车的链条，可以绕在脖子上或拴在腿上。朋克女孩也有这些的装束，出现

20 世纪 80 年代初，伦敦的 Punk 青年经常在街头摆姿势让游客们拍照来挣钱

1994 年 Gianni Versace 设计的一款 Punk 风格晚装

20 世纪 70 年代末 80 年代初的 Punk 造型，发型也是朋克造型的焦点之一，他们把头发尽可能地弄成很高，染着各式各样的颜色，像莫希干人的发型

了短裤、一边撕开的裙子、紧身羊毛衫和高跟凉鞋。发型也是朋克造型的焦点之一，他们把头发尽可能地弄成很高，染着各式各样的颜色，像莫希干人(北美印第安人的一个分支）的发型。涂黑眼圈，画猫眼妆，烟熏妆，暗色调的口红，在耳朵、鼻子、脸颊和嘴唇等部位用安全别针和撞钉穿孔，在身上绘制文身，表现得十分另类，用种种方式来反对传统社会。

实际上朋克风格的服饰文化是受到了朋克摇滚文化影响而产生的。

提到英国朋克，就不能不谈到有“英国朋克之父”之称的马尔科姆·麦克拉伦（Malcolm Mclaren）。马尔科姆·麦克拉伦在 1975 年组建了“性手枪”乐队（The Sex Pistols），此乐队是英国朋克革命的急先锋。马尔科姆·麦克拉伦和他的女友维维安·韦斯特伍德（Vivienne Westwood）在伦敦还经营一家名为“性”的精品店。他们粉碎了当时的审美观念，提出“冲突打扮”（Confrontion Dressing）将旧衣服重新穿上，运用撕裂拉扯的破碎效果，别上许多别针，最后再搭配一顶优雅的黑色绅士帽，如此矛盾与不协调，却反而让人感觉创意十足，当然也带动了伦敦街头的流行文化。在 1974 年，伦敦的切西区成立了一家专卖 20 世纪 50 年代服装的名为“摇

伦敦的 Punk 青年，身上刺着一样造型的 Punk 纹身

马尔科姆·麦克拉伦和维维安·韦斯特伍德 名为“性”的精品店的形象模特 Jordan，她穿着典型的 Punk 装

起来”的商店，店主就是马尔科姆·麦克拉伦。马尔科姆·麦克拉伦当时的女朋友就是现在被誉为“朋克之母”的维维安·韦斯特伍德。就是她使朋克风格成为继嬉皮之后的又一青年运动，也使伦敦的国王路成为世界著名的朋克风景线。许多人将维维安·韦斯

左一：1976—1977 年 Punk 服装的细节　左二：1976 年 Punk 服装和 Punk 假发　右一：1977 年马尔科姆·麦克拉伦和维维安·韦斯特伍德的“性”精品店里的一套 Punk 服装　右二：两款根据 Punk 风格设计的时装

特伍德对时装界的贡献总结为：将地下和街头时尚变成大众流行风潮。维维安·韦斯特伍德设计的所有服装都彰显着浓郁、纯正的英伦朋克风格。她最初的“奴役”（Bondage）系列服装，将施虐与受虐用具运动到服装中。她还一直竭力支持街头文化，在改革服装领域一直走在前列，譬如 1981 年设计的“海盗系列”，便预示了新浪漫主义服饰的来临。其他有影响的系列作品还包括“女巫”（Witches,1983），用尼龙制成雨衣和运动鞋；1985 年的圈环超短裙，裙撑和紧身胸衣；1987 年的哈马斯粗花呢系列服装；1989 年传奇般的松糕鞋。

朋克的精髓在于破坏，彻底的破坏与彻底的重建就是所谓真正的朋克精神。从朋克音乐诞生的那一刻起，朋克风格就变成了另类时尚的标志。廉价商店买来的衣服都开了线，都是自己改做的，袜子都抽了丝，校服都破得不成样子。刺孔穿环是极时髦的事，安全别针被别在鼻子上、耳朵上和脸颊上，而化妆则受原始部落涂面漆身和过时恐怖电影的影响走向极端。早期朋克的典型装扮是用发胶胶起头发，穿一条窄身牛仔裤，加上一件不扣纽的白

1980年伦敦上国王大道聚集的Punk们和根据Punk风格设计的时装作品

“朋克之母”维维安·韦斯特伍德

90年代女Punk，除了莫希干发型有时Punk也将头发都剃光

Punk 们酷爱各种纹身

Punk 们喜欢将头发染成各种颜色

衬衣，再戴上一个耳机连着别在腰间的随身听（Walkman），耳朵里听着朋克音乐。美国歌坛著名歌手麦当娜就是朋克时装潮的代表人物，她曾将英国著名的朋克时装品牌 Pauric Sweeney 其中一季的秋冬系列服饰全部买下。同时代还有一名叫赞德拉·罗德斯(Zandra Rhodes)的英国女性服装设计师对朋克服装进行了改良，并吸取了朋克风格的一些元素运用在她的服装设计中，通过运用一些明亮的颜色，使朋克风格呈现出精致而且优雅的风格，更多地得到富人和名人的接受与认同，而朋克最初具有冲击力的风格少了很多。她用金制的安全别针和金链子连接和装饰服装的边缘和一些小的部位和故意撕裂的破洞，再在这些精心撕裂的破洞边缘用金线缝制，装饰上精美的刺绣。

早期的朋克风格经过后期的取舍加工从而成为时尚流行中的一种元素，范思哲(Versace)品牌也在女装中使用了大号安全别针做装饰。如影星莉兹·赫莉(Liz Hurley)在影片《四个婚礼一个葬礼》中，就穿着系有金制安全别针的一套棉质薄纱和卢勒克司织物(Lurex)制成的范思哲黑色紧身晚

英国 Punk 造型

礼服。 朋克风格的出现在当时本是反时尚和反保守的，而今朋克独有的风格和式样已经汇入主流的设计理念中，变得如此平常。朋克风格甚至成为高级时装的设计灵感源，主流时尚和街头风格之间相互影响，时装设计师们把朋克服装的不同元素运用于设计中，为服饰潮流的发展注入了新的力量。在 2001 年法国巴黎春夏时装周上，约翰·加利亚诺（John Galliano）为迪奥品牌

（Christian Dior）设计的春夏系列运用迷彩图案，并与塑胶、皮革、牛仔布或印花丝绸、传统格花呢等对比组合，将朋克风格和街头元素结合。同样在 2003 年法国巴黎秋冬时装周上，加里亚诺也在服饰里加入了 Punk 及一些街头风格。在维维安·韦斯特伍德的发布会上经常运用涂鸦、错位等大量元素也是对朋克精神的诠释。

2010 年北京草莓音乐节 Punk 发型的年轻人

在 21 世纪，带有独特风格的青年亚文化在某种程度上已经成为时尚的源头之一。Punk 和 Hip-Hop 以及另外一些亚文化风格相互融合，被越来越多的当代年轻人所接纳和吸收，朋克的形象已经广泛流通于全世界，当代青年的着装风格中多多少少流露着 Punk 风格的影响。

2010 年北京草莓音乐上 Punk 造型年轻人

现在一些时尚的年轻人染发、画着各式各样的烟熏妆，身上文身，做着各种头型，比如贝克汉姆般的“莫希干”头，或穿几个甚至一排耳洞，穿上金属小环，手腕上套着粗粗细细的金属手镯、骷髅等各种怪模怪样的戒指，脖子上围着金属项圈，穿着黑色的背心……其实这些都是朋克文化的一部分；还有的自己在服装上缝坠一些饰物，对服装进行再加工，这也是受到朋克风格主张的影响。

维维安·韦斯特伍德就像影响 Punk 一样，同样也影响了 New Romanticks 的发展，在她的名为 “World's End” 的时装店里曾经出售过像舞台服一样绚丽的服装，这就是典型的 New Romanticks 风格服装

新浪漫主义风尚

New Romanticks

朋克文化出现后，媒体开始关注朋克，很多的记者都开始关注朋克，相继报道关于朋克的事件，在 20 世纪 70 年代中期，媒体利用当时很多年轻人对社会不满的情绪，对其进行了夸张的报道。随后，凡是刊登了关于朋克新闻的报纸、杂志全部大卖，就连跟朋克有关的电视节目的收视率也大幅上升。后来随着时代的发展朋克文化的冲击力也慢慢变得淡化了，但至少在英国染着疯狂色彩的头发、带铁钉的鞋，还是一道稀有的风景线，这一文化群体仍然受到媒体的关注，仍然是当时的热点新闻。

后来逐渐取代朋克文化的在当时被称为“邪教团体”（Cults）。比如，这样团体里的年轻人的服饰融合了格兰姆华丽摇

1980 年伦敦 *Blitz* 杂志上刊登的 New Romanticks 造型图片

20 世纪 80 年代初，在伦敦的国王大道上的名为“Kahn & Bell”的服装店专门出售 New Romanticks 服装

滚(Glam)、疯克(Funk)等街头服饰的元素。同时受到了黑人灵魂乐的影响，当时所谓的“青年灵魂的反叛”(Young Soul Rebels)是最有代表性的团体。这个团体的成员大部分是黑人，因此完全不被媒体所关注。这一亚文化群体的魅力在他们自己的活动范围外完全没受到关注。20 世纪 70 年代末期开始，随着英国乡村摇滚的开始流行，使得一种美国怀旧情感弥漫在年轻人中间，由此我们可以确定朋克文化开始销声匿迹。因此媒体就必须找到能取代他们的新的年轻人文化团体，来吸引大众。在众多的年轻人亚文化团体当中，最受到媒体瞩目的就是一半光头党特

1980 年伦敦“彩虹剧院”门口的两个 New Romanticks 打扮的女性

点、一半朋克特点的新的年轻人团体。这个新团体以白人为主，他们打扮得像小丑、画着浓妆穿着华丽的服装，这些年轻人对政治毫不关心。在 1978 年前后，各种媒体上刊登了很多这个年轻团体的照片。

如果追溯这个年轻人团体的渊源，则与朋克文化密不可分。在朋克文化最初形成时，在他们中间有一小部分年轻人有着而非常激进的政治主张。他们有着同样无政府主义的思想和同样的衣着打扮，因此他们聚在一起。在这个新生团体里最具代表性的人物就是英国歌手乔治男孩（George Boy）。他将有力的灵魂乐歌声和具煽动性的时尚感觉结合到了一起。1982 年到 1986 年间，他最初引起英美两地的观众们的注意时还是“文化俱乐部”乐队（Culture Club)的主唱。这支乐队创作和演唱动听的流行音乐，乔治男孩浓妆艳抹的双性人形象让这支乐队在 MTV 里的形象与众不同。后来也正是因为公众过于关注乔治男孩的个人特色而使其离队单飞。当时乔治男孩和一些同伴经常以最新的造型出现在名为“Louise´s”的酒吧里。（“Louise´s”是当时女同性恋与朋克的聚集地）。朋克越来越讨厌这些打扮过激的成员，逐渐向后来的“硬朋克”

1980 年乔治男孩的造型风靡一时，当时伦敦的酒吧里都是模仿他打扮的年轻人

乔治男孩(Boy George)

帽子设计师 Steven Jones 经常打扮成 New Romanticks 的造型出没于伦敦的各个酒吧，他的造型每周都会变

20 世纪 90 年代 New Romanticks 风格的青年

(Hard Punk)发展,而以乔治男孩为代表的一支则向着与其相反的方向发展,后来逐渐形成了另一个亚文化分支也就是所谓的新浪漫主义风尚。在这期间,在伦敦则称这种最新造型的年轻人团体为“闪电小子”(Blitz Kids),后来突然被媒体称为了“新浪

漫主义风尚”。一提到“新浪漫主义”，脑海里立刻就能浮现出手感极好的面料、非常优美、装饰奢华的服装形象。新浪漫主义风尚的服饰特点是，用金银线织物包裹全身，“基吉星团”乐队（Ziggy Stardust）的服饰最具代表性，20 世纪 30 年代的上品的复古式白色男用小礼服也是这一风尚的服饰重要标志。新浪漫主义风尚造型完全沉溺在华丽的美感中，这一点与朋克风格截然相反。广义上讲，新浪漫主义风尚还是应该归结在朋克文化中，但现在却成了朋克的对立面，它与朋克交替上演着华丽服装和朴素服装的篇章。

新浪漫主义源于浪漫主义。浪漫主义代表一种观点，这种观点强调自发地和形象地表现，强调自觉和想象，强调感觉而不是思维，强调野性的而不是人造的美。浪漫主义富于精神的、音乐的和运动的因素，是变化丰富的、出乎意料的、未完成的、没有穷尽的、个性的、夸张的、解体的、抒情的和热烈奔放的。

2010 年德国莱比锡 Wave-Gotik-Treffen 音乐节上 New Romanticks 风格的青年

新浪漫主义其实就是伪浪漫主义，对于时装而言这种说法更为一针见血。因为产生浪漫主义时装的时代已经一去不复返。哪里去寻找那种王室绅士贵族淑女，还有谁能雍容自如地跳小步舞和华尔兹？用一点柔和回转的线条，有一点粉调或浅淡色调，用一点轻柔悬垂的面料，用一点装饰，用一点花卉纹样，渲

1982 年维维安·韦斯特伍德的时装店出售的 New Romanticks 服装

1981 年 “Kahn & Bell” 店里出售的 New Romanticks 服装

染出一点对往日浪漫风采的思恋，这就是我们眼下拥有的新浪漫主义时装。在怀旧的目光里，女士们内衣上端露出的精巧蕾丝，以及男士们西服轻薄的面料和回转的肩线领线，都足以让人再三流连忘返。从这个意义上说，新浪漫主义也是时装厂商贴在他们满怀希望推出的新货品上的标签。

随着“朋克”走向世界，维斯特伍德的知名度亦愈来愈高。1983 年春，韦斯特伍德第一次到巴黎举办时装表演。她推出的系列叫“女巫”，是一组暴露下腹部的现代服装，那里有不按规律拼缀的色布，粗糙的缝线、邋遢的碎布块和各色补丁，这是一种前所未有的“时装”。她的挑战虽然不可能获得全社会的共鸣，但毕竟使她赢得了世界的侧目。随着新浪漫主义运动，这种喜好在 20 世纪 80 年代早期又成了一种广受欢迎的街头时尚。

1992 年约克郡（英格兰东北的一郡）的 Goths 年轻人

哥特风尚

Goths

对于酷爱格兰姆摇滚、北方灵魂乐、朋克、新浪漫主义的英国年轻人来说，1981 年他们陷入了困境。不知何时开始，他们牺牲了自己的创造力。英国的流行音乐人、设计师、视频制作者、摄影师、记者，从这些街头亚文化中汲取灵感，从而征服了全世界（再现了 20 世纪 60 年代的风貌）在商业上获得了极大的成功。因此这些亚文化的特殊价值也逐渐消失。尤其是新浪漫主义风尚的元素，经常被流行音乐人、时尚业界所借鉴，因此他逐渐丧失了街头服饰的意义。基于这样的背景，萌生出了一个小的团体，这个新的亚文化团体以黑色为基调，逐渐向着阴郁的方向发展。这个团体里的年轻人，崇尚朋克的虚无主义和新浪漫主义的奢华，他们觉

1981 年著名的夜店 Batcave 中典型的 Goths 造型

1983 年 Slimelight 俱乐部里的 Goths 造型青年

得自己是存在于黑暗中不死的灵魂，并且在他们中间总充斥着不祥的预感，他们强调黑暗带有阴气的服装造型，这个新生的年轻人团体就是“哥特风尚”(Gothic)。

很有意思的是这种风尚最初出现的地点同新浪漫主义主义风尚出现的地点一样，就是名为“Batcave”的夜店里！四年前在这里举办的名为“Bowie Night”的大派对中，新浪漫主义风尚第一次被关注，在 1981 年又在这里出现了哥特风尚。

他们永远穿着黑色天鹅绒的服装，

1984 年穿着带有黑色蕾丝服装的 Goths 女子

服装充满了蕾丝和网状装饰物。同时服装中还大量使用皮革，深红色和紫色相搭配的眼影，系得很紧的蕾丝紧身胸衣以及带有别针的极高的高跟鞋，佩戴着宗教或神怪电影风格的银质首饰，头发染成黑色并做成很高的发型。脸被涂得像死人一样苍白，眼睛和嘴唇上使用像血液一样的红色或黑色。男女都是同样的穿着打扮是哥特风尚的重要特点。

其实“哥特式”（Gothic），是文艺复兴时期意大利人对中世纪建筑等美术样式的贬称，含有“野蛮”的意思，语源则来自于日耳曼的哥特族（Goth）。在公元13—15世纪这个词则被用来形容那个时期的欧洲服饰风格。80年代出现的“哥特”风尚在造型上与传统的欧洲哥特服饰有着很大差异。20世纪80年代的“哥特”风尚的起源其实是与流行音乐密不可分的。

在20世纪的80年代，哥特黑暗文化被正式纳入音乐的范畴内。哥特文化运动的发展经历了漫长的过程，并以一种间断跳跃的方式在各种艺术文化领域中植根生长，最后以哥特音乐的爆发标志着这一运动的完成。令人不解的是为何在漫长的岁月里，几近枯竭的哥特基因仍能保存下来，并分别在不同领域萌芽生长？这应该与西方人类的社会心理结构与社会文化结构的构成有着很大的关系。哥特摇滚在英国地下音乐圈的发展，是通

1992年时装设计师约翰·加利亚诺设计的Goths风格时装

20 世纪 80 年代“Batcave”门口 Goths 造型年轻人

过难以想象、天马行空的邪异素材来吸纳听众，这就不仅包括了在音乐上百花齐放的空前创造力，也包括了在视觉造型上，所给予人们的前所未有的刺激视觉体验。中性化的身份造型，浓妆艳抹的打扮，这些并非新浪漫主义一族的专利。哥特仿佛是新浪漫的个性相反的孪生兄弟，是华美艳丽背后黑暗病态的一面。哥特中的经典，是 Specimen 的绝对异端形象，可惜 Specimen 只是一个“形象乐团”，于音乐上并未留下太大贡献。当然，还有 Peter Murphy (Bauhaus) 的瘦弱病气， Daniel Ash (Bauhaus) 的箭猪式发型加鱼网装，

德国莱比锡 Wave -Gotik -Treffen 音乐节上的 Goths 造型青年

德国莱比锡 Wave -Gotik -Treffen 音乐节上的 Goths 造型青年

Goths 永远穿着黑色天绒的服装，服装充满了蕾丝网状装饰物

任何黑色的东西或其他暗色，都是哥特一族的最爱

Goths 风格的女孩，化妆成了吸血鬼

脸被涂得像死人一样苍白，眼睛和嘴唇上使用像血液一样的红色或黑色

Siouxsie Sioux(Siouxsie and the Banshees)的妖魅夸张眼线，Ian McCulloch(Echo & the Bunnymen)的巨型黑发大风衣，这些全都是对整个哥特文化的视觉诠释。而在哥特文化中，我们可以体味到一些涉及宗教、性爱、死亡、绝望、基督以致匪夷所思的虚无语句，这些都是哥特文化不可或缺的一环。

提起哥特文化形象，自然还有“Batcave”，当时这所夜店中，聚集的是一群极端标奇立异的黑暗分子，曾经是 20 世纪 80 年代后朋克/哥特文化的焦点所在。上文所提及的经典哥特形象乐团“Specimen”，正是出身自“Batcave”夜店。而“Batcave”也成为黑暗舞池文化的发源地。像一季暗晦的寒冬气候，我们被哥特文化侵占，在非人化的后工业现代社会里面，追逐着一种活着死亡的体验。

哥特造型永远是黑色或者是暗色系列的衣服，佩戴着很多显眼的宗教饰物，但却几乎天天改变信仰，永远不戴金首饰，性格上其实是不善交际的。可以说朋克批判一切，哥特看破一切。朋克认

德国莱比锡 Wave-Gotik-Treffen 音乐节上的 Goths 造型青年

为白天也是黑夜，哥特只喜欢黑夜。朋克喜欢黑色，哥特喜欢黑色和白色。朋克以身体强壮为美，哥特以讲究以身体曲线为美。哥特的服装一般是较宽松的艳色，例如紫、暗蓝、颓废黑，哥特不爱在衣服上打钉，而是喜欢加些金属制品 。任何黑色的东西或其他暗色，都是哥特一族的最爱，薄尼龙或渔网状面料可以

德国莱比锡 Wave-Gotik-Treffen 音乐节上的 Goths 造型青年

隐晦地露出皮肤。苍白的皮肤也是哥特造型里最重要的元素，这可能是因为他们需要营造出一种活死人的外表，也可能是因为想体现维多利亚时代关于“苍白的皮肤是贵族的标志”这一审美，

夸张的 Goths 风格化妆

也可能是为了反对 20 世纪 80 年代最流行的沙滩文化里“太阳晒出的古铜色才是美的”健康理论。他们头发的颜色是黑发加上一点点漂白过的极浅的金发、红发或紫发。化妆则是黑白系化妆，白色粉底、黑唇膏、黑眼影、细眉。他们也很喜欢穿自我束缚的服饰，比如紧身胸衣。配饰上他们钟爱宽领带或带钉子的项圈甚至紧紧系在脖子上的丝绒绳，T 形十字章(古埃及关于永恒生命的标志)，五角星（这是异教徒关于火、土地、空气、水、灵魂的符号），十字架(基督教的象征)，还有歌剧风格的披肩、斗篷和长手套也是他们的最爱。

Goths 风格的化妆

到了上个世纪 90 年代，哥特音乐开始失宠，但哥特文化却大行其道，那时恰逢好莱坞以哥特文学为背景的恐怖电影复兴。在一系列卖座影片，如《剪刀手爱德华》、《吸血僵尸惊情四百年》、《夜访吸血鬼》里，偶像明星约

翰尼·德普、薇诺娜·赖德苍白秀丽的容貌、清澈天真的眼神伴着电影阴森诡异的氛围，时而浪漫时而恐怖的情节让人心醉不已。伴随电影引发出的一股股热浪，哥特文化被注入了新的兴奋点。2001 年，随着史诗般的魔幻大片《指环王》在全球获得空前成功，哥特文化横跨东西，成为全球的关注热点。于是，各主流时尚杂志纷纷预言哥特风时装将引领新的潮流，设计师们也伺机而动。2003 年秋冬时装发布会后，这股神秘力量已悄悄现身于时装舞台。在古驰（Gucci）的时装秀上，模特尚未登场整个环境便在群狼嗥叫及蝙蝠振翅的音响效果中显得鬼气十足，汤姆·福特（Tom Ford）让模特们在脖子上挂起黑色十字架、扎上黑色宽领带、穿上黑色束腰缎子大衣、黑色斜裁长袍，向人们展示出他精心准备的哥特风格，优雅而又性感。美国服装品牌拉尔夫·劳伦（Ralph Lauren）也将发布会变成了黑色的海洋，模特们身着长

Goths 们头发的颜色是黑发加上一点点漂白过的极浅的金发、红发或紫发

德国莱比锡 Wave-Gotik-Treffen 音乐节上的 Goths 造型青年

长的牧师披风、拖地鱼尾裙，系在脖子上的黑色丝带映衬得肌肤如雪，哥特式的菱形耳环在行走中摇曳生辉，显示出一派中世纪的神秘感，浪漫而富有韵味。迪奥的一个珠宝展示会，索性搬到了里兹大饭店，把房间布置成闹鬼的城堡，将整个晚会命名为"吸血鬼的舞会"。淑女名流们彻夜狂欢，不醉不归，时尚成了一场追逐互动的游戏，被发起者和参与者演绎得神形兼备。细观之下，T 台上的哥特服饰风格经设计师的改良，早已嗅不出昔日濒临死亡式的颓废气息，那些鬼气阴森、幽暗恐怖的气氛原来只是他们故意布出，意图吸引视线的疑阵，无数设计师将他们的舞台变成了展示哥特时尚的秀场，新哥特服饰风格带起了新一轮的视觉冲击波……

1983 年伦敦的年轻 Casuals

休闲风尚

Casuals

就像街头、夜店、酒吧一样足球场也可以成为时尚诞生的场所，至少在英国是这样的。在英国足球是很受欢迎的运动，大部分劳动阶层的男性们都有自己钟爱的球队，因此足球场是可以将大部分劳动阶层的男性们联系在一起的纽带。后来这一纽带的年龄层逐渐扩大，直至影响到年轻人，而他们的休闲式的服饰也成为了新的时髦装束。20 世纪 60 年代末平头少年造型第一次出现在足球场，到了 70 年代末与平头少年的造型完全不同的造型出现在足球场。平头少年风尚是从无产阶级阶层发展开来的，所以在服饰造型上注重朴素，而这一新的风尚与平头少年的风格却很不同，这些年轻人都穿着像“Lacoste”、“Inega”、“Lois”、

1978—1984 年间的 Casuals 造型

1994 年 Katharine Hamnett 设计的 Casuals 风格服装

“Burberry”等著名的休闲品牌服装，以此来表现他们的成功。平头少年们喜欢穿着鞋头带有铁板的街头钉鞋（流氓打群架时穿的鞋），而这一新风尚的年轻人则喜欢穿着整洁干净的弗莱德·派瑞（网球运动员）式的运动上衣。到了 80 年代初，把这个新的风尚称作“休闲风尚”。

当时，对于这一风尚的发祥地是哪里引起很大的争议。比如，英国最著名的亚文化杂志 *The Face* 在 1983 年 7 月刊《最新的街头时尚》栏目中这样报道休闲风格，“据可靠消息分析，这种时尚发源地是利物浦的苏格兰大道地区，这是个完全与街头时尚无缘的地区。在这个区有一群被利物浦地区俚语形容为‘Scallies’的年轻人，在 1977 年他们受到朋克的影响，模仿大卫·鲍威尔 *LOW* 专辑封面照上的发型，1978 年初他们开始穿着价格高昂的名牌运动服装，从此以足球为中心的生活方式受到重视。”也有说法称这一风尚是从曼彻斯特周边地区和伦敦地区的球迷中开始兴起的。

如果说 Mods 是与音乐，小绵羊摩托密不可分的话，影响 Casuals 最大的当属足球。Casuals 都是某个球队的铁杆粉丝，周末经常去结伴看球赛，但是看的时候和普通观众不同，他们是很带有些“高人一等”的态度的，这从 Casuals 这个词也能窥见一般。并且对 Casuals 这个群体的称呼，不同地区间也有所不同。比如，曼彻斯特市的统称为“Perry´s”，利物浦市的则是“Scallies”，当然还有很多其他地区的 Casuals 族群他们喜欢的音乐同样多种多样，Mod、Ska、Indie Rock、Rave、Madchester（曼城发展出来的乐队们）、Punk 等等。很多喜欢音乐的年轻人也因此与 Casuals 群体有了交集，并成为其中一员。就政治信仰来说，Casuals 的成员则大相径庭，很可能同一群体中有着左翼、右翼、无党派主义的

Casuals 造型年轻人们

思想，并且整个群体没有被某种政治思想所左右。其实从 Casuals 群体出现的本意来说，他们仅仅是为了追求那一个"范"儿走到了一起，他们也并没有在开始就有打架这样的风气，只是后来由于 Casuals 各群体由于支持的球队不同，又都要具备那种高人一等的态度以表明是群体中一分子，从而惹恼彼此，也引发了多起暴力事件。在青少年时代，大家似乎就是能那么轻易的被激怒，那么轻易的会信仰一种文化。所以，我们很难简单地说 Casuals 就是一种无畏的虚荣，虽然他们比的就是穿着和所支持的球队，但它的存在是有它的道理的。

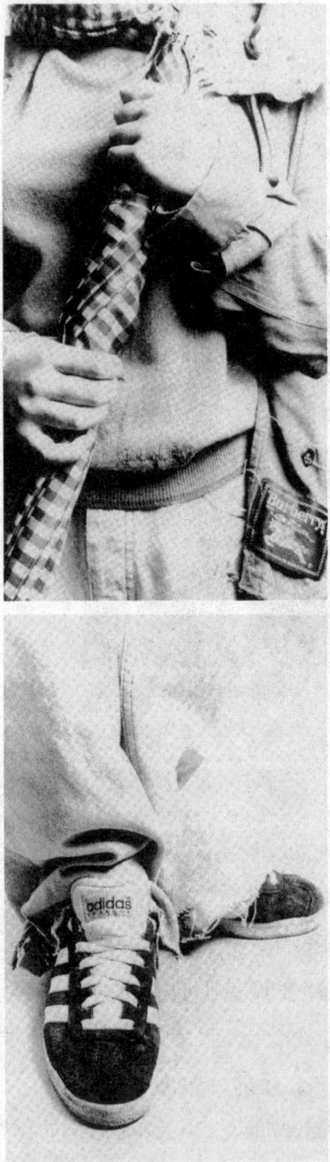

Casuals 们非常重视服装的品牌可以说他们是“名牌迷”

20 世纪 80 年代初，在欧洲活跃着很多只足球球队，很多的球迷追随着自己钟爱球队的足迹到各处观看他们的比赛。他们就像是从时装秀上跑出来的一样，这些穿着入时的球迷填满了意大利、法国的运动场，他们非常重视自己的外表，总觉得自己不够时髦。如果说英国的足球队是一流的话，那么他们的球迷也绝不能用二流来形容。他们把大量的金钱花在购买名牌运动装上，“Lacoste”、“Fila”、“Ellesse”、“Christian Dior”是他们最喜欢光顾的服装品牌。

由于 20 世纪 70 年代末期利物浦队是欧洲的王者之队，许多粉丝会在去利物浦看球的同时收集很多周边物品，不久之后，这些价格昂贵的运动服，外加一些网球服装很快就流行开来。比如 DIADORA 这样的品牌。渐渐地每个 Casuals 都有了自己固定支持的品牌，这也和其所在地区，所喜欢球队的赞助品牌有关系。到了 80 年代中期，Stone Island 和 C.P. Company 出的夹克，及 Adidas 运动鞋非常流行。陆续的 Armani、Burberry、Aquascutum 等奢侈品牌也进入了他们的衣橱，这则是因为 Casuals 的盛行让他们引起了警察的注意，他们不得不脱下运动服，换上体面的衣服逃避警察的关注。

他们是一个特殊的群体，他们疯狂，他们狂野，但他们不暴力，他们不是足球流氓，有着对足球文化的特殊理解和追求。他们有个称呼叫 Soccer Casuals，中文翻译成“足球闲人”。众所周知的，是利物浦球迷中间产生 20 世纪 70 年代的新青年球迷文化“休闲文化”。进入 21 世纪，他们仍然引导着球迷文化的时尚，平时街头的他们穿着鳄鱼（Lacoste）马球衫或者 Burberry 翻领衬衫，500 英镑一件的 Stone Island 外套，阿迪达斯运动鞋。正如他们热爱的球队一样，Casuals 们在夺冠路上仍然一路喝着啤酒引吭高歌，肆无忌惮的热爱着和他们球队任何相关的东西、相关的品牌、相关的名字，甚至是相关的城市，这为 21 世纪的世界足坛带来了一道亮丽的风景线。

1984 年维维安•韦斯特伍德设计的 Casuals 风格服装

日本的 Fetishism 青年

恋物癖风尚

Pervs

“Fetishism” 不是特别新的一个词。15 世纪的葡萄牙探险家将其称作 “Feitico” 意思是极富魅力的。后来这个词逐渐演化为 “Fetish”，19 世纪末以后这个词就用来形容与性、色情，以及有特殊嗜好的拜物者。不同的人有不同的恋物对象，他们的造型也就不尽相同。比如：蕾丝材质的紧身胸衣、吊袜带、连身丝袜、极高跟的高跟鞋等等都是恋物癖们的最爱。1960 年的伦敦，用皮革或树脂制作的各种变态倾向的恋物癖风格服装开始被公开穿着。

20 世纪 60 年代英国的一部经典电视剧，《复仇者》 系列（1961—1969 *The Avengers*），算是科幻、间谍、侦破片的经典代表作之一，男主演 John Steed 也是近乎完美的英国绅士形象。在当时的英国每周放映一集，曾经风靡一时。这部剧放映了很长时间、大概有百多集，其中主演男侦探是帕特里克（Patrick McGee）剧中叫约翰（John Steed）。他总是戴一顶小圆礼帽和雨伞，其实礼帽是铁的，可以当武器还可以伸出天线当无线电，雨伞也是武器。女主角换了三个，都是摩登女郎，最成功的一个是戴安娜·里格（Dianna Rigg）演的艾玛小姐（Mrs. Emma Peel），女主角每次出场时几乎都穿着极为性感的恋物癖式的服装。她们在剧中所穿的服装大多出自一个名为"Atomage"的女装店，由约翰·苏利夫（John Sutcliffe）担任设计。

Krystina Kitsis´s 设计公司推出的乳胶材质的紧身 Pervs 服装

身着黑色皮革服装的人是近 50 年间在西方大城市中出现的一道新的风景。在二战以后，许多人发现他们已经难以回到和平时期正常的生活道路，城市中开始出现身穿黑皮夹克的摩托帮，这种人在传媒中的最初代表是由马龙·白兰度出演的《野人》一片中的摩托帮造反者。

在 20 世纪 50 年代，恋物癖们的活动仍旧基本上是在私下进行的，既没有酒吧也没有俱乐部。旧金山第一家恋物癖俱乐部是成立于 1958 年的名为"为什么不"(Why Not) 的俱乐部，不久就关闭了。在 1964 年 6 月 26 日的《生活》杂志上，首次刊登了介绍恋物癖酒吧情况的文章。60 年代初在旧金山成立的"工具箱酒吧"(The Tool Box) 是第一家真正成功的恋物癖酒

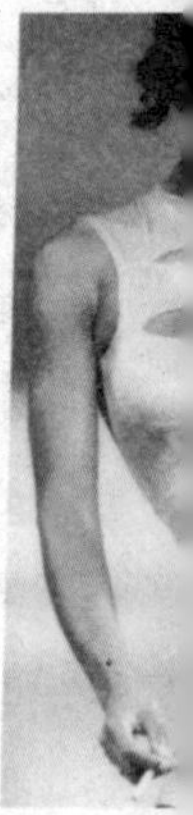

T台上的 Fetishism 风格的服装

20 世纪 80 年代初的 Fetishism 服装

穿着 Fetishism 风格服装的男子

吧。在恋物癖圈内人的心目中，它不仅是一间酒吧，它是“第一圣殿”。

自 1954 年美国第一个同性恋摩托俱乐部“森林之神”(Satyrs) 宣告成立以来，很快在纽约、洛杉矶、旧金山和芝加哥成立了许多类似的组织。当然这些人并不都有恋物癖倾向，但他们为恋物癖者创造了一个生存空间。黑色皮革服装和摩托车成了男性气质的标志，纯属恋物癖者的团体也开始出现。

成立恋物癖组织的高峰期是 20 世纪 70 年代。在“石墙旅馆事件”（1969 年）之后和艾滋病发现之前(80 年代中期）这段时

1994 年 Fetishism 男装

正在参加聚会的 Fetishism 男女

Fetishism 的装扮中一些道具也不必不可少的 比如铁链、手铐

间，恋物癖组织经历了一个极大的发展，旗帜鲜明的恋物癖组织出现于 70 年代初。美国第一个这样的组织是“芝加哥地狱之火俱乐部”(The Chicago HellfireClub)，成立于 1971 年。1978 年，第一个女同性恋恋物癖组织萨莫伊斯 (Samois) 宣告成立。

在 20 世纪 70 年代，恋物癖亚文化发展迅猛，其中包括社区居住人口的增长，经济利益的增长和政治自信的增长。恋物癖组织在旧金山占据了城区的很大一片地方，一到晚上那些街道完全成为恋物癖者的天下，恋物癖的酒吧、性俱乐部、浴池一家接着一家。70 年代恋物癖亚文化最重要的特征是一些盛大晚会 (Great Parties)。这种晚会早在 40 年代末期就有举办。那时还没有恋物癖酒吧、俱乐部，因此这类晚会大多在个人家中举办，主办人是一个人或两个人。在 70 年代，这些盛大晚会都是精心策划精心组织的，而且是按照一定频率定期举办的。其中有些影响很大，如纽约

Fetishism 风格的服装基本上都是皮革服装或仿皮革的服装，这些服装基本上为黑色而且紧紧地包裹着身体

伦敦名为“Skin Two”的虐恋俱乐部，里面的 Fetishism 的装扮

的 Mineshaft 晚会，晚会中有恋物癖表演。它从 1976 年开办，1985 年停办。还有一年一度的由“芝加哥地狱之火俱乐部”举办的 Inferno 晚会。“地下墓穴”（Catacombs）于 1975 年开办，是著名的恋物癖晚会。恋物癖者从西方世界的各个国家去旧金山的地下墓穴晚会“朝圣”。 在 70 年代末，恋物癖形象越出色情材料的边界，在一般大众传媒中登堂入室。当一些商品广告中刚刚开始出现恋物癖形象时，公众感到很受刺激，但是无可奈何的抗议之声更显露出这类形象的力度。恋物癖形象的泛滥对西方各国的大众文化产生了深远影响。有人称这种潮流为恋物癖风尚。时装业、影视业都不同程度地渗透了恋物癖象征。时装界最著名的摄影师之一牛顿(Helmut Newton) 在高级时装中创造出了恋物癖的形象，其作品被评价为“高雅的带有虐待狂性意味的作品”。在这一潮流的影响所到之处，人们打开一本时装杂志的中心页，竟会以为是打开了一本色情杂志。他们看到的是：一位半裸的女模特正在接受一位衣冠楚楚的男人的责打，脸上露出狂喜的表情。

学术界权威人士认为，其实恋物癖活动并不新奇，而是早已有之。据历史学家考证，虐恋活动自文艺复兴时代起就已出现。新奇之点在于，时至 20 世纪 70 年代，恋物癖亚文化广泛出现于大众文化当中，显示出一种从边缘文化进入主流文化的潜力。正如恋物癖杂志 *Skin Two* 的总编所说：“这类杂志使虐恋变成时髦。它从亚文化演变为主流文化。虐恋的装束特别引人注目，即使对那些对虐恋一点也不感兴趣的人来说也是这样。它看上去令人兴奋，极为性感。”

1982 年，伦敦成立了名为“Skin Two”的虐恋俱乐部，成立时有 150 人，大多数成员为中产阶级人士，从事流行音乐、时装、摄影及艺术行业。在俱乐部中，人们都身着皮革服装或仿皮革的

1989 年设计师 Pam Hogg 设计的 Fetishism 女装

服装，这些服装基本上为黑色而且紧紧地包裹着身体。在这些虐恋俱乐部中，一些服饰配件，除了装饰作用外还有更重要的作用。比如，手帕就是虐恋人群里最重要的配饰之一。手帕的颜色，和放置手帕的位置，都有着一些潜在的规则和暗示。比如，将手帕放在左面的裤兜里，则表示愿意做施虐者；将手帕放在右边裤兜里，则表示愿意做受虐者。同时手帕的颜色也同样拥有不同的含义。比如，红色手帕代表喜欢重度鞭打，粉红色手帕代表喜欢轻度鞭打，还有绿色、浅蓝色、黄色、黑色等，都各自代表了不同的暗示与含义。起初这只是虐恋者范围内的暗号，但这种在裤兜里放上各种不同颜色手帕的着装方式同时也吸引了很多非虐恋人群。他们觉得这种造型很时髦，所以也开始效仿在裤兜里放上各色的手帕，逐渐这种方式反而成为了一种时髦的装扮。后来还有流行歌手将这种装扮作为自己唱片的封面。

1990 年充满着非洲风格的 B-boys 造型

嘻哈风尚

B-boys & flygirls

随着朋克风格的逐渐淡漠，从 1976 年开始英国再次成为世界瞩目的中心。英国的流行文化影响了整个 20 世纪 80 年代。比如，MTV 音乐录影带革命、迪斯科热等等。但是，同样是 1976 年，美国纽约的黑人社区布朗克斯(Bronx)地区，黑人中间开始流行一种新的音乐形式——Hip-Hop 音乐，他们将生活上的娱乐发展成为现今多样的 Hip-Hop 文化，发挥黑人独有的特质，如节奏感及歌声进而舒缓情绪和消遣。因这种新的音乐形式带有乐观开朗的特质，逐渐慢慢地在全美蔓延开来，进而扩散到全世界。随之也就产生了一种新的亚文化现象，我们称其为 B-boys 风尚。20 世纪 80 年代，被称为“Hip-Hop 之父”的 DJ Kool Herc 创造了 B-

1990 年一个说唱艺人的造型

1981 纽约街头 B-boys 青年跳舞的照片

1987 年 flygirls 造型也源自 B-boys 造型

B-boys 的概念。

Hip-Hop 结合了 Rap 和一点点的 R&B，再加上各种磨片的音效声，是 20 世纪 80 年代开始年轻人最喜爱的音乐。Hip-Hop 舞从字面上来看 Hip 是臀部；Hop 是单脚跳，Hip-Hop 则是轻扭摆臀，由此可以看出它是由霹雳舞发展来的。

最具 Hip-Hop 风格的代表乐队就是 RUN-D.M.C.乐队。乐队成员的造型不仅影响年轻人，同时还戏剧性地带动了一个运动品牌的发展。RUN-D.M.C.乐队是来自纽约市皇后区的 3 人组合

(都生于 1965 年)，他们 1986 年的第 3 张专辑《上升的地狱》)(*Raosomg Hell*) 成为第 1 张说唱白金唱片，乔·西蒙斯(Joe Simmons)、达里尔·麦克(Darryl Mac)负责用鼓机、麦克风，贾森·米泽尔(Jason Mizell)负责摩擦唱片，1986 年在麦迪逊广场花园进行了演出，歌词充满了社会观点。有一些听众想寻求暴力，但西蒙斯说："我们的歌迷知道我们不想这样做。" 曾有人预言这种音乐形式会很快消亡，但却没有。贫民区的人民创造了他们自己的沟通方式，这种方式广为流传。当时三名乐队成员在演唱会、唱片封面以及各种广告中的造型争相被年轻人效仿。三人最具代表性的服装造型就是阿迪达斯运动装、运动鞋搭配男士礼帽、脖子上带着大串的金色金属项链或饰物。阿迪达斯品牌的销售量曾经非常低迷，甚至一度濒临倒闭，但是当 RUN-D.M.C.乐队成员穿着

1987 年伦敦的 B-boys 青年

1994 年卡尔·拉格菲尔德设计的夏奈尔品牌 B-boys & flygirls 风格服装

1985 年 B-boys 服装

1988 年 B-boys & flygirls 造型

1988 年纽约 RUN-D.M.C.乐队的照片 他们都穿着阿迪达斯运动服戴着金链子这也是 B-boys 风格的最明显的特点

阿迪达斯运动装出现在各种媒体封面、广告、演唱会中时，阿迪达斯的销售量突然间猛增，很多年轻人追随 RUN-D.M.C.乐队成了阿迪达斯的忠实粉丝。直到今天阿迪达斯仍然是运动品牌中最受年轻人欢迎的，当年的 RUN-D.M.C.乐队功不可没。

Hip-Hop 的装束遵循随意、随便的路线。他们就像英国的 Casuals 们一样，非常喜欢穿着带有名牌 LOGO 的服装。宽大的印有夸张 LOGO 的 T 恤，同样宽大拖沓的板裤、牛仔裤或者是侧开拉链的运动裤、篮球鞋或工人靴、钓鱼帽或者是棒球帽、民族花样的包头巾、头发染烫成麦穗头或编成小辫子，Matrix 的墨镜，还有粗粗的、银质的项链、手环……

Hip-Hop 族之所以喜好穿宽大的服饰，是由于当时美国的有色人种经济状况不如白人来得优越，然而小孩子却生得比白人多，为了让这些小孩子不致太快淘汰衣服，所以经常购买尺码较大的 T 恤。Hip-Hop 族对于金饰品有着特殊的崇拜，他们的装束中一定要有金饰品。比如，很粗的纯金项链、带有超大$图案的纯金饰物等等。这跟 Hip-Hop 是源自黑人文化有关，因为黑人文化在当时的美国属于贫民文化，所以黑人社区的人们很希望通过穿名牌服装、戴纯金饰品来提升自己的社会地位。

突然间，Hip-Hop 和 Flygrils 街头造型成了世界瞩目的焦点。一时间，父母们之间话题的焦点就是“要给自己的孩子买价格不菲的运动装、带有明显 LOGO 的名牌运动鞋”。当然，这种街头风格不仅仅限于年轻人，从美国到伦敦都开始风靡起这样的打扮。

1989 年伦敦的 “Heaven Club” 的 Ravers 青年

锐舞风尚

Ravers

就像其他街头文化现象一样锐舞风尚的流行也是跟流行音乐的发展有着密切的关系。锐舞（Rave）一词起源于地下的派对革命，原意为一群人聚集在一起欢闹之意，是一种年轻人的消遣方式。在今天的歌舞场所里，锐舞代表着人们在 Disco-Jockey（DJ）打碟号召之下，打扮入时的年轻人，沉醉于 DJ 播放的新派舞曲音乐中，通宵达旦，热烈起舞。随着时代进程的加快，现代人们的工作和生活压力日趋增大，锐舞精神的实质，就是让人们把生活和工作中的巨大压力在这种狂欢派对中得到自由的释放。

20 世纪 80 年代初，远在 House 音乐和 Rave 一词诞生之前，英国俱乐部文化便已经成型了。只是此时的俱乐部中所热播的音乐主要还是 Hip-Hop，R&B 等。之后，原产的美国灵魂音乐又在英国落地生根，形成了 Nothern Soul。到了 80 年代中期，Blackpool Mecca、Wigan Casino 等周末狂欢夜已经是有了上千人在 Nothern Soul 中共舞的盛况，这便可算作锐舞文化的雏形。但这与今日 Rave 相比可谓大相径庭。

1993 年 Ravers 的大派对

1985 年，4 位英国 DJ (Paul Oakenfold、Danny Rampling、Nicky Holloway、Johnnie Walker)去西班牙度假岛屿巴利巴里群岛时发现了 Balearic（巴利阿里迪斯科）音乐风格。当地的一群年轻人会经常聚集在仓库、车库、海边郊外等空旷之地，同时也会在现场架起 DJ 台音响和灯光等器材，然后找几个 DJ 放歌，搞自己的私人派对。当地的 DJ 将来自芝加哥的 House 舞曲加入多种西班牙及其他音乐元素播放出来，再加

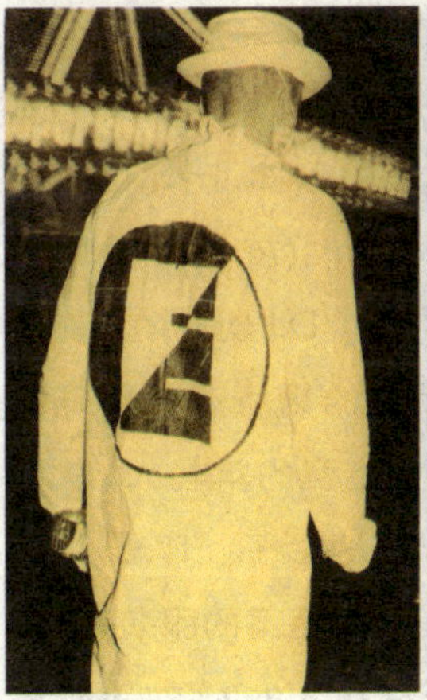
1991 年参加 Ravers 聚会的男青年

Ravers 男青年

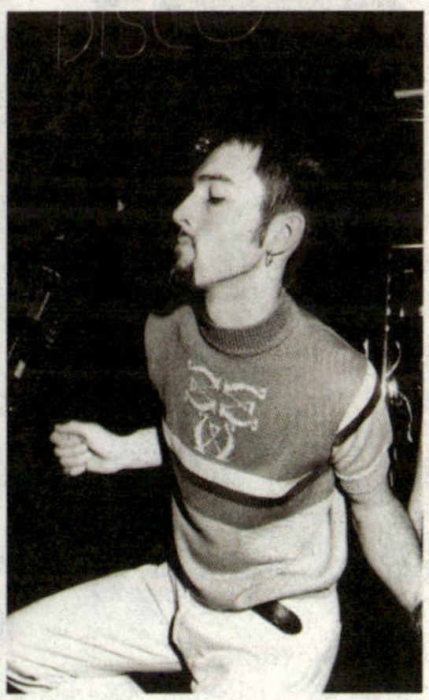
Ravers 男青年

1990 年曼彻斯特的 Ravers 青年

1988 年 Ravers 派对中的男子穿着典型的 Ravers "笑脸" T 恤

上 Ibizae（西班牙小岛:伊比沙岛）文化的刺激。回到英国他们决定要将这种派对搬回家乡，这就是锐舞派对（Rave Party）的源头。而在当时也正是"Acid House"（酸屋：一种由吸毒者演奏的、单调的合成打击乐）爆发的时候，几种药物如 MDMA（摇头丸）和 Aicd 迷幻药等等被当时的年轻人在参加聚会或派对时使用。一股庞大的新兴势力从地下的亚文化烧起来，这就是 Rave 革命，起源于地下发展至今已成为一个主流的商业市场形态，影响到上世纪 90 年代年轻人的穿着打扮、思考模式以及生活方式。而引领的这股潮流往前走的新音乐类型"电子音乐"，赫然成为 21 世纪另一种前卫音乐类型。而去 Club 也成为年轻人除了看电影及逛街吃饭外最受欢迎的活动。

1988 年开始，这种锐舞派对也开始在英国流行。每逢周末锐舞俱乐部就会挤满了年轻人，他们吃着摇头丸自由自在地疯狂跳舞。随之出现了很多著名的锐舞俱乐部，比如伦敦的"Project Club"和"Shoom"(就是将锐舞从西班牙小岛带回来的那 4 名 DJ 创办的) 都是当时最热门的锐舞族聚会的场所。特别是在"Shoom"出现了身着新造型的年轻人，从他们的穿着中能看一些嬉皮的影子。印着"笑脸"的 T 恤、扎染的带有视幻图案的服装，同时还服用一种简称为"E"（Ecstasy）的新型迷幻药物。新的亚文化现象的源头又从伦敦开始

1993 年的 Ravers 们，他们都带着婴儿奶嘴或防毒面罩，
这是 Ravers 族们的重要配饰

了。

其实在 20 世纪 80 年代早期"E"便已进入并已经影响了英国的音乐圈，但还是当这四位 Ibiza 的度假者将其带回伦敦并创办了他们自己的 Party，"E" 才真正在普通人中扩散开来并成为一股非同小可的跳舞文化推动力。

Paul Oakenfold 等人回到伦敦后的第二年，便分别开办了自己的 House Party，而每一家的开张都带来了爆满与极大的影响力。最著名的可数 Pampling 的"Shoom"，这家俱乐部位于伦敦南部，虽然在 1987 年到 1988 年初的日子里往往只有数百人的规模，然而这已无疑标志了用"E"构筑的英国跳舞文化已是初具规模。之后，这些俱乐部越来越火爆，每个周末都有数千名服药后的舞迷聚集在街头等候入场，并造成了巨大的交通堵塞，以致惊动了警察。

1988 年的夏天，有一种新的声音出现，它叫做 Acid House，虽然对 Acid 这个词有许多不同解释，但是任何一个参加国锐舞派对的人都知道这个字眼儿所暗示的“药”的含义。在当时英国的一个所谓的锐舞族里面，绝大部分人都会服用“E”或是其他迷幻性药物。当然，迷幻的音乐、超大音量和具有催眠效果的“迷幻影响”都是不可或缺的元素。LSD 的使用虽也不少，然而“E”还是更被锐舞族钟爱。英国著名研究者 Nicholas Saunders 在他的著作 *E For Ecstasy* 中写道：“E 一旦和这种音乐和舞蹈结合在

1989—1990 年 T 台上的 Ravers 服装

一起，可以产生一种是人感觉非常兴奋的出神状态，也就是类似古代部落里的舞蹈仪式或宗教仪式”。所以这也就是锐舞族在聚会是一定要服用迷幻药物的原因。

1988 年英国一场数万人参加的 Rave Party 被称作第二次的“Summer Of Love”，和第一次在美国发生的“伍德斯托克音乐节”一样正式向世人宣告了这股所谓锐舞风潮（Ravers）的来临。当时，甚至在某些舞厅打烊了之后，锐舞族（Ravers）还在街上继续跳舞。同时，英国流行乐排行榜上出现了标准的 Acid

House 舞曲（Jolly Roger 的 *Acid Man*）。接着，在伦敦大街小巷的成衣商店里都是印有黄色圆形笑脸（Smiley Face）的 T 恤，有的上面还写着“Where´s The Acid Party”。锐舞族们还喜欢穿手染得衣服，很像嬉皮的造型，在跳舞时还喜欢戴防毒面具、背氧气筒、穿军装。可能由于吃了迷幻性药物后容易使人产生回到童真年代的情绪，所以锐舞族们还很喜欢将自己打扮成像小孩一样，甚至跳舞时嘴里还叼着一个奶嘴。

到了 1989 年，情况又有了新变化。由于警方的取缔和舞厅的趋于饱和，英国的锐舞族开始正式大量由城市转移至远离城市的

Ravers“笑脸”T 恤

1988 年的 Ravers 服装

郊外。随着 House 音乐及跳舞文化影响力的日益扩大而走入鼎盛时期，俱乐部里那有限的空间显得越来越狭小而拥挤，于是有人便开始举办能容纳更多人参加的露天 Party。在伦敦 M25 环行公路外的郊区，超过两万人参加的大型锐舞活动如 Sunrise、Energy、Biology 等进行得如火如荼。有时甚至还结合类似嘉年华或马戏表演等奇异气氛，辅以镭射的灯光和超大音响系统，数以

2010 年北京草莓音乐节上 戴着奶嘴、口罩的 Ravers 男青年

万计的年轻人在 DJ 所调配的节奏下疯狂跳舞到天亮。然而这段辉煌的日子持续得并不长久，过多 Raver 的聚集以及过大的音响常常引起举办地区居民的不满，更糟糕的则是警察的闻风而来对 Raver 活动予以取缔，冲突时常发生。

在锐舞族中，DJ 所扮演的角色并非像传统摇滚乐手做扮演的角色。DJ 甚至不是主角，主角是来跳舞的人和这些人做创造出来的气氛。

同时在德国，有几个热心的 DJ 在柏林的马路上（音响和 DJ 都在卡车上）举行了第一次“Love Parade Party”，总共只吸引了约一百五十人参加。但是，到了 1996 年每年举行的“Love

Parade Party" 就已经有 75 万人参加了，1997 年更是吸引了全世界共 150 万人在柏林的大小街道上一起 Raving。

种种复杂的情况下，Raver 风潮还是持续了整个 20 世纪 90 年代，其中合法的 Raver 活动如 Spiral Tribe、Diy 等起了重要的作用。而之后的 Tribal Gathering、Greater Dance Exposure 等又寄生于格拉斯哥音乐节等大型音乐活动之中，使得锐舞活动进一步的合法化，大众化。而政府方面亦开始立法对 Raver 活动加以控制，1994 年颁布的新法规更使警察获得更大的权利以至于可以对每一个非法锐舞活动的参加者予以处罚。

历史的行进往往是迂回的，由于 Raver 活动的不稳定性以及 Raver 音乐的日益极端化，越来越多的 Ravers 开始对此感到疲倦。于是，"回到俱乐部" 便成了接下来的潮流，而朴素的 4/4 拍 House 节奏亦得以再次成为舞迷们的心爱。伦敦的 Ministry of Sound、Drum Club，利兹的 Back to Basics，曼彻斯特的 Renaissance 等新一代的俱乐部纷纷崛起。

视线再回到英国跳舞文化的发源地，在 20 世纪 90 年代初便已成为 Raver 圣地的 Ibiza 岛到了 20 世纪 90 年代中后期，更是成为了世界闻名的锐舞天堂，亦是英国青年的首选度假胜地，无数的俱乐部在此安家落户，甚至 BBC 旗下的 "Radio One" 亦要在对这里的派对进行直播。